Dr. Oetker

heute mal Fisch!

Dr. Oetker

heute mal Fisch!

Dr. Oetker Verlag

Holen Sie sich die Küste in die Küche!

Lassen Sie sich einfach Vitamine, Eiweiß, Jod, Mineralstoffe und Fettsäuren genüsslich auf der Zunge zergehen: Fisch ist eine tolle Alternative zu Fleisch und bietet gesunde Abwechslung – ob gebraten, gedünstet oder langsam gegart, ob als kleiner Snack, leichte Vorspeise oder aromatisches Hauptgericht. Es gibt so viele leckere Kombinationsmöglichkeiten und Zubereitungsarten.

Sie finden bei diesen kreativen Ideen ganz bestimmt Ihr Lieblingsrezept. Oder auch zwei. Oder drei?

Einfach alles im Blick...

● = international ● = raffiniert ● = schnell ● = leicht ● = festlich ● = etwas teurer

Suppen & Eintöpfe

Salate, Vorspeisen & Snacks

Aus Topf & Pfanne

Aus dem Ofen

Suppen & Eintöpfe

Löffel für Löffel gesunder Genuss kann so viele Namen haben: Südfranzösische Bouillabaisse, toskanischer Cacciucco, portugiesische Cataplana, amerikanische Clam Chowder, kreolisches Seafood-Gumbo oder heimischer Eintopf von Nordseefischen.

Unbedingt probieren!

Zubereitungszeit: **40 Minuten** | Garzeit: etwa **20 Minuten**

Schnelle Bouillabaisse
mit Knoblauchmayonnaise und Croûtons

4 Portionen | Pro Portion: E: **43** g, F: **54** g, Kh: **52** g, kJ: **3645**, kcal: **871**, BE: **4,0**

2 Möhren
1 Stange Porree (Lauch)
2 EL Olivenöl
2 getrocknete Chilischoten
800 ml Fischsuppenkonzentrat (erhältlich beim Fischhändler)
800 ml kaltes Wasser
½ Stangenbaguette

2 EL Olivenöl

12 küchenfertige Garnelen
8 Jakobsmuscheln (ausgelöstes Muschelfleisch)
200 g Wolfsbarschfilet
200 g Lachsfilet (ohne Haut und Gräten)

Salz
gem. Pfeffer
25 g TK-Mediterrane Kräuter (8-Kräuter-Mischung)

200 ml Aioli (Knoblauchmayonnaise, aus dem Glas)

1 Möhren putzen, schälen, abspülen, abtropfen lassen und in dünne Scheiben schneiden. Porree putzen, die Stange längs halbieren, gründlich waschen, abtropfen lassen und in dünne Scheiben schneiden.

2 Den Backofen vorheizen. Ober-/Unterhitze: etwa 180 °C, Heißluft: etwa 160 °C.

3 Olivenöl in einem Topf erhitzen. Möhren- und Porreescheiben darin andünsten. Chilischoten zerbröseln und mitdünsten lassen. Fischsuppenkonzentrat und Wasser hinzugeben, zum Kochen bringen und etwa 10 Minuten bei schwacher Hitze kochen lassen.

4 Das Baguette in Scheiben schneiden und mit Olivenöl bestreichen. Baguettescheiben auf ein Backblech legen. Das Backblech in den vorgeheizten Backofen schieben. Die Baguettescheiben in **etwa 10 Minuten goldbraun backen.**

5 Garnelen, Jakobsmuscheln, Wolfsbarsch- und Lachsfilet kurz unter fließendem kalten Wasser abspülen und trocken tupfen. Wolfsbarsch- und Lachsfilet in jeweils 8 Portionen schneiden. Die einzelnen Fischsorten mit Salz und Pfeffer würzen, vorsichtig in die leicht kochende Suppe gleiten lassen und in etwa 10 Minuten gar ziehen lassen. Die Bouillabaisse mit Salz und Pfeffer abschmecken, Kräuter unterrühren.

6 Die Bouillabaisse mit den Croûtons und der Knoblauchmayonnaise servieren.

Tipp: Wer mag, kann die Bouillabaisse mit etwas Pernod (Anisschnaps) abschmecken.

Zubereitungszeit: **30 Minuten** | Garzeit: **15 Minuten**

Festlicher Eintopf von Nordseefischen

4 Portionen | Pro Portion: E: **52** g, F: **28** g, Kh: **42** g, kJ: **2684**, kcal: **642**, BE: **3,5**

1 Bund Suppengrün (Sellerie, Möhre, Porree, Petersilienwurzel)
1 vorgegarter Hummer, z. B. aufgetauter TK-Hummer aus dem Supermarkt oder vom Fischhändler
2 EL Olivenöl
1 Pck. (0,1 g) Safranfäden

1 kg küchenfertige, gewaschene Miesmuscheln
40 ml Noilly Prat (Wermut)
1 l Fischfond
Meersalz
gem. weißer Pfeffer
200 g Steinbuttfilet
200 g Kabeljaufilet

200 g Lachsfilet

3 EL Butter (zimmerwarm)
4 Stängel Dill
1 Bio-Zitrone (unbehandelt, ungewachst)
12 dünne Baguettescheiben

1 Suppengrün putzen, schälen, abspülen, abtropfen lassen und in feine Streifen schneiden. Den Hummer aufbrechen, das Fleisch in mundgerechte Stücke schneiden.

2 Olivenöl in einem Topf erhitzen. Die Gemüsestreifen und Safranfäden darin etwa 5 Minuten bei schwacher Hitze unter gelegentlichem Rühren andünsten. Die Miesmuscheln (Muscheln, die sich beim Waschen öffnen, sind ungenießbar) hinzugeben und kurz mitdünsten lassen. Mit Noilly Prat ablöschen, den Fischfond hinzugießen und zum Kochen bringen, mit Meersalz und Pfeffer würzen. Die Muscheln mit den Gemüsestreifen zugedeckt etwa 5 Minuten kochen lassen.

3 Die Muscheln herausnehmen (Muscheln, die sich nach dem Garen nicht öffnen, sind ungenießbar) und das Muschelfleisch aus den Schalen lösen.

4 Die Fischfilets kurz unter fließendem kalten Wasser abspülen, trocken tupfen und jeweils in Stücke (etwa 2 x 4 cm) schneiden. Mit Salz und Pfeffer würzen. Die Fischstücke mit dem Hummer- und Muschelfleisch in den Eintopf geben und in etwa 6 Minuten bei schwacher Hitze gar ziehen lassen.

5 Den Backofen vorheizen. Ober-/Unterhitze: etwa 200 °C, Heißluft: nicht empfehlenswert!

6 In der Zwischenzeit Butter glatt rühren, mit Salz und Pfeffer würzen. Dill abspülen und trocken tupfen. Die Spitzen von den Stängeln zupfen, Spitzen klein schneiden. Die Zitrone heiß abwaschen, abtrocknen und die Schale fein abreiben. Zitrone halbieren und den Saft auspressen. Die Zitronenschale mit etwas Zitronensaft und Dill unter die Butter rühren. Mit Salz und Pfeffer abschmecken.

7 Die Dillbutter auf die Baguettescheiben streichen, auf ein Backblech legen und im vorgeheizten Backofen **kurz überbacken.**

8 Den Eintopf in Tellern anrichten und mit den Baguettescheiben servieren.

Zubereitungszeit: **60 Minuten** | Garzeit: etwa **25 Minuten**

Cacciucco (Toskanische Fischsuppe)

4 Portionen | Pro Portion: E: **41** g, F: **17** g, Kh: **10** g, kJ: **1708,** kcal: **407**, BE: **0,5**

2 Knoblauchzehen
1 Zwiebel
1 kleines Bund Suppengrün (Sellerie, Möhren, Porree)
400 g reife Tomaten
4 EL Olivenöl

150 g Calamari, geputzt, abgespült und in Ringe geschnitten
100 g Babycalamari, geputzt, abgespült
Salz
250 ml trockener Weißwein
1 l Fischfond
gem. Pfeffer

20 frische Venusmuscheln in der Schale (etwa 50 g Muschelfleisch)
600 g küchenfertige, frische Mittelmeerfischfilets, z. B. 4 Doradenfilets, 4 Rotbarbenfilets
2 Seebarschfilets
1 Bund glatte Petersilie

1 Knoblauch abziehen und in Scheiben schneiden. Zwiebel abziehen und grob würfeln. Suppengrün putzen, schälen, abspülen, abtropfen lassen und in Würfel schneiden. Tomaten abspülen, trocken tupfen, achteln und die Stängelansätze herausschneiden.

2 Olivenöl in einem breiten, flachen Topf erhitzen. Knoblauchscheiben, Zwiebelwürfel und Calamari darin andünsten. Suppengrünwürfel und Tomatenspalten hinzugeben, mit Salz würzen. Weißwein und Fischfond hinzugießen, zum Kochen bringen und etwa 15 Minuten bei schwacher Hitze kochen lassen. Mit Salz und Pfeffer würzen.

3 In der Zwischenzeit Muscheln in reichlich kaltem Wasser gründlich waschen und einzeln abbürsten, bis sie nicht mehr sandig sind (Muscheln, die sich beim Waschen öffnen, sind ungenießbar). Fischfilets kurz unter fließendem kalten Wasser abspülen und trocken tupfen. Muscheln und Fischfilets in die Suppe geben, weitere etwa 10 Minuten bei schwacher Hitze leicht kochen lassen (Muscheln, die sich nach dem Garen nicht öffnen, sind ungenießbar).

4 Petersilie abspülen und trocken tupfen. Die Blättchen von den Stängeln zupfen. Blättchen klein schneiden. Die Suppe in Tellern anrichten, mit Petersilie bestreuen und servieren.

Beilage: Servieren Sie dazu geröstete Weißbrotscheiben.

Fischsuppe
mit Gemüse und Dill

4 Portionen | Pro Portion: E: **35** g, F: **32** g, Kh: **47** g, kJ: **2678**, kcal: **640**, BE: **3,5**

2 Schalotten
1 dicke Möhre (etwa 120 g)
4 Frühlingszwiebeln
1 Stange Staudensellerie
2 EL Butter
2 EL Weizenmehl

100 ml trockener Weißwein, z. B. Riesling
800 ml Fischfond (aus dem Glas)
Salz
gem. weißer Pfeffer
200 g Lachsfilet
200 g Seeteufelfilet

12 Garnelenschwänze, ohne Kopf und Schale
etwas Zitronensaft
200 g Schlagsahne
1 Bund Dill

½ Baguettebrot

1 Die Schalotten abziehen und klein würfeln. Die Möhre putzen, schälen, abspülen, abtropfen lassen und in Scheiben schneiden. Die Frühlingszwiebeln putzen, abspülen, abtropfen lassen und in dicke Scheiben schneiden. Staudensellerie putzen, abspülen, abtropfen lassen und würfeln.

2 Die Butter in einem Topf zerlassen. Das vorbereitete Gemüse darin farblos andünsten. Mit Mehl bestäuben, unterrühren und kurz mitdünsten lassen. Mit Weißwein ablöschen und den Fischfond hinzugießen, mit Salz und Pfeffer würzen. Die Suppe etwa 10 Minuten kochen lassen.

3 In der Zwischenzeit die Fischfilets kurz unter fließendem kalten Wasser abspülen, trocken tupfen und in mundgerechte, nicht zu kleine Stücke schneiden. Garnelen abspülen, trocken tupfen und längs halbieren. Fischfiletstücke und Garnelen mit Salz, Pfeffer und Zitronensaft nach Geschmack würzen.

4 Die Schlagsahne unter die Suppe rühren, mit Salz und Pfeffer würzen. Fischfiletstücke und Garnelen hinzugeben, vorsichtig unterrühren und in etwa 10 Minuten bei schwacher Hitze unter gelegentlichem Rühren gar ziehen lassen.

5 Den Backofengrill vorheizen.

6 Dill abspülen und trocken tupfen. Die Spitzen von den Stängeln zupfen, Spitzen klein schneiden. Baguette längs in dünne Scheiben schneiden, auf einen Rost legen und unter dem vorgeheizten Backofengrill kurz von beiden Seiten rösten.

7 Die Fischsuppe in Tellern anrichten und mit Dill bestreut servieren. Geröstete Baguettescheiben dazureichen.

Zubereitungszeit: **60 Minuten** | Garzeit: etwa **15 Minuten**

Pichelsteiner von Meeresfrüchten

4 Portionen | Pro Portion: E: **35** g, F: **13** g, Kh: **7** g, kJ: **1200**, kcal: **287**, BE: **0,5**

2 Möhren
2 Stangen Staudensellerie
4 große Wirsingblätter
20 kleine Herzmuscheln
12 Miesmuscheln

2 EL Sonnenblumenöl
500 ml Gemüsebrühe
500 ml Fischfond
Salz
½ Bund glatte Petersilie

12 küchenfertige Garnelen
200 g Lachsfilet, ohne Haut
200 g weißes Fischfleisch, z. B. Kabeljau, Wolfsbarsch
gem. Pfeffer

1 Die Möhren putzen, schälen, abspülen, abtropfen lassen und in Scheiben schneiden. Staudensellerie putzen, abspülen, abtropfen lassen und schräg in Stücke schneiden. Die Wirsingblätter abspülen, trocken tupfen und in etwa 1 cm kleine Quadrate schneiden.

2 Beide Muschelsorten in reichlich kaltem Wasser gründlich waschen und einzeln abbürsten, bis sie nicht mehr sandig sind (Muscheln, die sich beim Waschen öffnen, sind ungenießbar). Evtl. die Fäden (Bartbüschel) entfernen.

3 Das Sonnenblumenöl in einem hohen Topf erhitzen, Möhrenscheiben, Selleriestücke und Wirsingstückchen darin andünsten. Gemüsebrühe und Fischfond hinzugießen. Mit Salz würzen. Die Zutaten zum Kochen bringen und etwa 5 Minuten kochen lassen.

4 Petersilie abspülen und trocken tupfen. Die Blättchen von den Stängeln zupfen. Blättchen klein schneiden.

5 Garnelen, Lachsfilet und das Fischfleisch kurz unter fließendem kalten Wasser abspülen und trocken tupfen. Lachsfilet und weißes Fischfleisch in jeweils 12 gleich große Würfel schneiden, Garnelen evtl. entdarmen.

6 Wenn die einzelnen Gemüsesorten weich sind, Herz- und Miesmuscheln hinzugeben, wieder zum Kochen bringen und etwa 5 Minuten bei schwacher Hitze mitkochen lassen (Muscheln, die sich nach dem Garen nicht öffnen, sind ungenießbar). Fischwürfel, Garnelen und Petersilie hinzufügen, in etwa 5 Minuten gar ziehen (nicht mehr kochen) lassen.

7 Die Suppe mit Salz und Pfeffer abschmecken.

Beilage: Dazu passen Roggenbaguettescheiben, mit Butter bestrichen und mit klein geschnittener Petersilie bestreut.

Seafood-Gumbo (Kreolischer Fischeintopf)

4 Portionen | Pro Portion: E: **32** g, F: **40** g, Kh: **23** g, kJ: **2445**, kcal: **585**, BE: **1,5**

- je 1 gelbe und rote Paprikaschote
- 1 Gemüsezwiebel
- 2 Stangen Staudensellerie
- 200 g Okraschoten
- 120 g Chorizo (spanische Paprikawurst)
- 500 g Muscheln z. B. Herz- oder Venusmuscheln
- 100 ml Sonnenblumenöl
- 2 EL Weizenmehl
- 1 Msp. Cayennepfeffer
- 3 TL Cajungewürz (Mischung aus Thymian, Oregano, Paprika, Cumin, Knoblauch, Zwiebel, Senfsaat, Pfeffer)
- Salz
- 400 ml Gemüsebrühe
- 500 ml Tomatensaft
- 300 g Steinbeißerfilet
- 120 g abgetropfte Flusskrebsschwänze in Lake
- 2 EL klein geschnittene Petersilie
- Tabasco

1 Paprikaschoten halbieren, entstielen, entkernen und die weißen Scheidewände entfernen. Schoten abspülen, abtropfen lassen und in Würfel schneiden. Zwiebel abziehen, halbieren und ebenfalls klein würfeln. Sellerie putzen, abspülen, abtropfen lassen und in Scheiben schneiden. Die Okraschoten putzen und die Stielansätze mit den Spitzen (Kappen) abschneiden. Okraschoten abspülen, trocken tupfen und in etwa 1 cm große Stücke schneiden. Chorizo in Scheiben schneiden.

2 Muscheln in reichlich kaltem Wasser gründlich waschen. Muscheln einzeln abbürsten, bis sie nicht mehr sandig sind (Muscheln, die sich beim Waschen öffnen, sind ungenießbar). Evtl. die Fäden (Bartbüschel) entfernen.

3 Das Sonnenblumenöl in einem breiten Topf erhitzen. Mehl und Cayennepfeffer hinzufügen und unter Rühren braun rösten. Das vorbereitete Gemüse mit den Wurstscheiben hinzugeben. Mit Cajungewürz und Salz würzen. Gemüsebrühe und Tomatensaft hinzugießen und gut unterrühren. Muscheln ebenfalls hinzugeben. Den Eintopf unter gelegentlichem Rühren zum Kochen bringen und zugedeckt etwa 10 Minuten kochen lassen.

4 Fischfilet kurz unter fließendem kalten Wasser abspülen, trocken tupfen und in mundgerechte Stücke schneiden.

5 Flusskrebsschwänze und Fischstücke in den Eintopf geben und in etwa 10 Minuten bei schwacher Hitze gar ziehen lassen. Die Petersilie unterrühren. Den Eintopf mit Cajungewürz, Salz und Tabasco abschmecken.

Beilage: Den Fischeintopf mit Reis oder gerösteten Brotscheiben servieren.

Tipp: In Louisiana wird der Gumbo traditionell mit Catfish, Flusskrebsen und Andouillette (französische Wurstspezialität aus den Mägen von Schwein und Kalb, kräftig gewürzt) zubereitet

Cataplana mit Muscheln, Chorizo und Schweinefleisch

2 Portionen | Pro Portion: E: **36** g, F: **25** g, Kh: **27** g, kJ: **2156**, kcal: **515**, BE: **2,0**

- 1 Chilischote
- 1 Stängel Rosmarin
- 1 Knoblauchzehe
- 1 große Kartoffel (etwa 200 g)
- 2 EL Olivenöl
- 1 Lorbeerblatt
- 1 Zwiebel
- 1 grüne Paprikaschote
- 60 g Chorizo (spanische Paprikawurst)
- 120 g Schweinefilet
- 250 g stückige Tomaten (aus dem Tetrapak)
- 400 ml Gemüsebrühe
- 100 ml Weißwein
- 1 kg große Venusmuscheln, gründlich gewaschen
- Salz
- je 2 EL klein geschnittener Koriander und klein geschnittene Petersilie

1 Chilischote abspülen, trocken tupfen, entstielen und in Ringe schneiden. Rosmarin abspülen und trocken tupfen. Knoblauch abziehen und in Scheiben schneiden. Kartoffel schälen, abspülen, abtropfen lassen und in etwa 1 cm große Würfel schneiden.

2 Olivenöl in einem breiten Topf erhitzen. Chiliringe, Rosmarin, Lorbeerblatt, Knoblauchscheiben und Kartoffelwürfel darin etwa 6 Minuten unter Rühren braten.

3 Zwiebel abziehen und in grobe Würfel schneiden. Paprikaschote halbieren, entstielen, entkernen und die weißen Scheidewände entfernen. Schote abspülen, abtropfen lassen und ebenfalls grob würfeln. Zwiebel- und Paprikawürfel zu dem Würzöl in den Topf geben und mitdünsten lassen.

4 Die Chorizo in Scheiben schneiden. Schweinefilet mit Küchenpapier trocken tupfen und in Würfel schneiden. Wurstscheiben und Schweinefiletwürfel ebenfalls hinzugeben und kurz mit andünsten. Tomaten, Gemüsebrühe und Weißwein hinzugießen und zum Kochen bringen.

5 Muscheln in reichlich kaltem Wasser gründlich waschen. Muscheln einzeln abbürsten, bis sie nicht mehr sandig sind (Muscheln, die sich beim Waschen öffnen, sind ungenießbar). Evtl. die Fäden (Bartbüschel) entfernen.

6 Die Muscheln in den Eintopf geben, wieder zum Kochen bringen und zugedeckt 6–8 Minuten bei starker Hitze kräftig kochen (Muscheln, die sich nach dem Garen nicht öffnen, sind ungenießbar). Der Eintopf ist fertig, wenn die Kartoffelwürfel gar sind.

7 Den Eintopf nochmals mit Salz abschmecken. Rosmarin und Lorbeerblatt entfernen.

8 Den Eintopf in tiefen Tellern anrichten und mit den Kräutern bestreuen.

Beilage: Dazu passen geröstetes Knoblauchbrot und ein kräftiger Weißwein.

Tipp: Die Cataplana ist ein portugiesischer Kupfer- oder Eisentopf mit dicht schließendem Deckel.

Zubereitungszeit: **45 Minuten, ohne Auftauzeit** | Garzeit: **35–45 Minuten**

Clam Chowder (Muschelsuppe)

6 Portionen | Pro Portion: E: **15** g, F: **12** g, Kh: **22** g, kJ: **1077**, kcal: **257**, BE: **1,5**

- 400 g Venusmuschelfleisch
- 100 g mild geräucherter Speck
- 1 Zwiebel
- 1 kleine Stange Porree (Lauch)
- 3 große Kartoffeln
- 4 Stängel Thymian
- Salz
- gem. Pfeffer
- 2 EL Sonnenblumenöl
- 1 l Hühnerbrühe
- 500 ml Milch (3,5 % Fett)

1 Muschelfleisch nach Packungsanleitung auftauen lassen. Muschelfleisch kurz unter fließendem kalten Wasser abspülen, trocken tupfen und grob würfeln.

2 Den Backofen vorheizen. Ober-/Unterhitze: etwa 200 °C, Heißluft: etwa 180 °C.

3 Speck in kleine Würfel schneiden. Die Zwiebel abziehen und ebenfalls klein würfeln. Porree putzen, die Stange längs halbieren, gründlich waschen, abtropfen lassen und in Scheiben schneiden. Die Kartoffeln schälen, abspülen, abtropfen lassen und in etwa 1 cm große Würfel schneiden. Thymian abspülen und trocken tupfen. Die Blättchen von den Stängeln zupfen.

4 Muschelfleisch mit Porreescheiben und Kartoffelwürfeln mischen. Thymianblättchen untermengen. Mit Salz und Pfeffer würzen.

5 Sonnenblumenöl in einem hitzebeständigen, weiten flachen Topf erhitzen. Zwiebel- und Speckwürfel darin andünsten. Muschel-Kartoffel-Mischung hinzugeben. Hühnerbrühe und Milch hinzugießen.

6 Den Topf mit dem Deckel verschließen und auf dem Rost in den vorgeheizten Backofen schieben. Die Muschelsuppe **35–45 Minuten garen** (die Kartoffelwürfel sollen gar, aber nicht zerfallen sein).

Tipp: Zur besseren Bindung 2 Scheiben Toastbrot, entrindet und gewürfelt, mitgaren lassen. Clam sind besonders große Venusmuscheln, die es vor Neuengland gibt.

Salate, Vorspeisen & Snacks

Der Fantasie sind keine Grenzen gesetzt: Fische und Meeresfrüchte lassen sich mit Gemüse, Kartoffeln und Kräutern immer wieder anders kombinieren, würzen und garnieren. Ideal als kleine Mahlzeit, Teil eines Buffets oder leichter Auftakt eines schönen Menüs.

Zubereitungszeit: **35 Minuten, ohne Abkühlzeit** | Garzeit: **90–120 Minuten**

Oktopussalat

4 Portionen | Pro Portion: E: **41** g, F: **17** g, Kh: **23** g, kJ: **1760**, kcal: **421**, BE: **1,5**

- 1 küchenfertiger Oktopus (Tintenfisch, etwa 1,2 kg)
- 1 TL Fenchelsamen
- 1 Lorbeerblatt
- Salz
- 500 g Kartoffeln
- Salzwasser
- 4 Schalotten
- 1 Knoblauchzehe
- 4 große Tomaten (etwa 250 g)
- 1 Bund glatte Petersilie
- 1 Bund Koriander
- Zitronensaft
- feines Meersalz
- gem. schwarzer Pfeffer
- 6 EL Olivenöl

1 Den Oktopus unter fließendem kalten Wasser abspülen und abtropfen lassen. Den Oktopus in einem großen Topf mit Wasser, Fenchelsamen und Lorbeerblatt zum Kochen bringen, Salz hinzugeben. Den Oktopus zugedeckt in etwa 90 Minuten bei schwacher Hitze weich kochen.

2 Nach der angegebenen Garzeit mit einem Holzspieß in die dickste Stelle des Oktopus stechen, um zu prüfen, ob er weich ist. Den Oktopus gegebenenfalls noch weitere etwa 30 Minuten garen.

3 In der Zwischenzeit die Kartoffeln schälen, abspülen, abtropfen lassen und in grobe Würfel schneiden. Kartoffelwürfel in kochendem Salzwasser in etwa 20 Minuten gar kochen. Anschließend abgießen, abdämpfen und erkalten lassen.

4 Den gegarten Oktopus aus dem Fond nehmen und abkühlen lassen. Dann die Haut abziehen und die Fangarme in etwa 1 cm lange Stücke schneiden.

5 Schalotten und Knoblauch abziehen. Die Schalotten klein würfeln und den Knoblauch fein hacken. Tomaten abspülen, trocken tupfen, vierteln und entkernen. Tomatenviertel in grobe Würfel schneiden.

6 Petersilie und Koriander abspülen und trocken tupfen. Die Blättchen getrennt klein schneiden.

7 Zitronensaft mit Meersalz und Pfeffer verrühren, Olivenöl unterschlagen.

8 Die vorbereiteten Salatzutaten in einer Schüssel mischen, das Dressing hinzugeben und untermischen. Den Salat mit Meersalz, Pfeffer und Zitronensaft abschmecken.

Tipp: Servieren Sie den Salat mit geröstetem Brot und z. B. mit einem gut gekühlten Vinho verde auf der Terrasse.

Zubereitungszeit: **30 Minuten, ohne Auftauzeit** | Garzeit: **4–6 Minuten**

Jakobsmuscheln auf Asia-Zuckerschotensalat

2 Portionen | Pro Portion: E: **12** g, F: **12** g, Kh: **15** g, kJ: **907**, kcal: **216**, BE: **1,5**

6 TK-Jakobsmuscheln (ausgelöstes Muschelfleisch)

120 g Zuckerschoten
Salzwasser
1 große, rote Chilischote

2 EL Sesamöl
2 EL Fischsauce
2 EL Ketjap Manis (süße Sojasauce)

Salz
gem. Pfeffer

2 EL Speiseöl zum Anbraten

1 Topf Koriander

1 Jakobsmuscheln nach Packungsanleitung auftauen lassen. Von den Zuckerschoten die Enden abschneiden, evtl. abfädeln. Die Zuckerschoten abspülen, abtropfen lassen und in kochendem Salzwasser etwa 2 Minuten blanchieren. Zuckerschoten in eiskaltem Wasser abschrecken, abtropfen lassen und in lange, dünne Streifen schneiden. Chilischote abspülen, trocken tupfen, entstielen, längs halbieren und entkernen. Chilischote ebenfalls in dünne Streifen schneiden.

2 Die Zuckerschoten- und die Chilistreifen in einer Schüssel mischen. Sesamöl mit Fischsauce und Ketjap Manis verrühren, mit Salz und Pfeffer würzen. Die Marinade zu der Zuckerschoten-Chilistreifen-Mischung geben und untermengen.

3 Die Jakobsmuscheln evtl. kurz unter fließendem kalten Wasser abspülen und trocken tupfen. Speiseöl in einer Pfanne erhitzen. Die Muscheln von jeder Seite 2–3 Minuten anbraten und herausnehmen. Mit Salz und Pfeffer würzen.

4 Koriander abspülen und trocken tupfen. Die Blättchen von den Stängeln zupfen.

5 Den Zuckerschotensalat mit den Jakobsmuscheln anrichten und großzügig mit Korianderblättchen garniert servieren.

Zubereitungszeit: **30 Minuten**

Miesmuscheln mit Oliven und Sardellen

4–6 Portionen | Pro Portion: E: **21** g, F: **17** g, Kh: **11** g, kJ: **1214**, kcal: **289**, BE: **0,5**

800 g Miesmuschelfleisch, gekocht, in Lake
6 große, reife Tomaten
2 Knoblauchzehen
4 Schalotten

2 Stangen Staudensellerie
1 große Möhre
1 Bund glatte Petersilie
8 Sardellenfilets in Öl
3 EL Olivenöl
250 ml Fischfond

je 20 abgetropfte grüne und rötliche Oliven
gem. Pfeffer
Zitronensaft
Salz

evtl. einige Salatblätter

1 Muschelfleisch in ein Sieb geben, mit kaltem Wasser abspülen und abtropfen lassen.

2 Tomaten kreuzweise einschneiden und mit kochendem Wasser übergießen. Nach 1–2 Minuten herausnehmen und mit kaltem Wasser abschrecken. Tomaten häuten, halbieren und die Stängelansätze herausschneiden. Tomaten entkernen und in Würfel schneiden.

3 Knoblauch und Schalotten abziehen. Knoblauch in dünne Scheiben schneiden. Schalotten zuerst in Scheiben schneiden, dann in Ringe teilen.

4 Staudensellerie putzen, abspülen, abtropfen lassen und in Würfel schneiden. Möhre putzen, schälen, abspülen, abtropfen lassen und ebenfalls klein würfeln. Petersilie abspülen und trocken tupfen. Die Blättchen von den Stängeln zupfen. Blättchen klein schneiden. Die Sardellenfilets abtropfen lassen und grob hacken.

5 Olivenöl in einem weiten Topf erhitzen. Knoblauchscheiben und Schalottenringe darin andünsten. Sellerie- und Möhrenwürfel hinzufügen und mitdünsten lassen. Fischfond hinzugießen und zum Kochen bringen. Sellerie- und Möhrenwürfel so lange dünsten, bis sie weich sind.

6 Muschelfleisch und Oliven zu der Gemüsemasse geben. Mit Pfeffer kräftig würzen. Muschelfleisch und Oliven unter Rühren miterhitzen. Tomatenwürfel, Sardellenstücke und Petersilie unterrühren, 2–3 Minuten bei schwacher Hitze mitkochen lassen. Mit Zitronensaft, Salz und Pfeffer abschmecken.

7 Die Miesmuscheln mit Oliven und Sardellen in Gläsern anrichten. Nach Belieben mit den abgespülten und trocken getupften Salatblättern garnieren.

Wichtig: Würzen Sie nur vorsichtig mit Salz, da die Sardellen bereits sehr salzig sind.

Angebratenes Lachstatar mit gebackenen Kartoffeln

4 Portionen | Pro Portion: E: **35** g, F: **43** g, Kh: **34** g, kJ: **2770**, kcal: **663**, BE: **2,5**

600 g neue Kartoffeln
Meersalz
grob gem. Pfeffer
2–3 EL Olivenöl
6 Schalotten

600 g Lachsfilet, ohne Haut und Gräten
1 säuerlicher Apfel (etwa 200 g)
1 kleine Bio-Salatgurke (etwa 200 g)
1 Bund Dill

4 EL Walnussöl
Saft von 1 Zitrone
125 g Crème fraîche

1 Den Backofen vorheizen. Ober-/Unterhitze: etwa 200 °C, Heißluft: etwa 180 °C.

2 Die Kartoffeln unter fließendem kalten Wasser gründlich abbürsten, trocken tupfen und halbieren. Schnittflächen mit Salz und Pfeffer bestreuen, mit etwas Olivenöl bestreichen. Kartoffelhälften auf einem Backblech verteilen. Das Backblech in den vorgeheizten Backofen schieben. Die Kartoffelhälften **etwa 50 Minuten garen.**

3 Die Schalotten abziehen. 3 Schalotten zuerst in Scheiben schneiden, dann in Ringe teilen. Restliche Schalotten klein würfeln. Die Schalottenringe nach der Hälfte der Garzeit zu den Kartoffelhälften geben und mitgaren lassen.

4 Lachsfilet kurz unter fließendem kalten Wasser abspülen, trocken tupfen und in sehr kleine Würfel schneiden. Apfel waschen, abtrocknen, vierteln, entkernen und mit der Schale in sehr kleine Würfel schneiden.

5 Gurke abspülen, trocken tupfen und die Enden abschneiden. Von der Gurke (mit Schale) 24 dünne Scheiben abschneiden und beiseitelegen. Restliche Gurke in kleine Würfel schneiden und in eine Schüssel geben. Schalotten-, Lachsfilet- und Apfelwürfel untermischen.

6 Dill abspülen und trocken tupfen. Die Spitzen von den Stängeln zupfen (einige Dillspitzen zum Garnieren beiseitelegen). Spitzen klein schneiden.

7 Lachstatar kräftig mit Salz und Pfeffer würzen. Walnussöl und Dill untermischen. Mit Zitronensaft abschmecken.

8 Lachstatar in 4 gleich große Portionen teilen. 4 Ausstechförmchen (Ø 6–8 cm) auf ein Backblech setzen. Das Lachstatar hineingeben und fest andrücken.

9 Restliches Olivenöl in einer Pfanne erhitzen. Lachstatar (in den Ausstechformen) in die Pfanne geben, dann die Ausstechformen vorsichtig hochziehen und entfernen. Lachstatar kurz von beiden Seiten anbraten.

10 Jeweils 6 der beiseitegelegten Gurkenscheiben auf einer Platte oder 4 Tellern anrichten. Lachstatar vorsichtig mit einem Pfannenwender aus der Pfanne heben und in die Mitte der Gurkenkreise setzen. Je einen Klecks Crème fraîche auf das Lachstatar geben und mit den beiseitegelegten Dillspitzen garnieren. Mit den gebackenen Kartoffelhälften servieren.

Nigiri-Sushi mit Lachs

18 Stück | Pro Stück: E: **3** g, F: **1** g, Kh: **11** g, kJ: **298**, kcal: **71**, BE: **1,0**

2 Tassen Sushireis (etwa 240 g)
gut 2 Tassen Wasser
3 EL Reisessig
½ gestr. TL Salz
½ TL Zucker

200 g ganz frisches Lachsfilet (möglichst 1 etwa 5 cm breites, langes Stück)

2–3 TL Wasabipaste (erhältlich im Asialaden)

1 EL Sojasauce

125 g abgetropfter, eingelegter Ingwer (aus dem Glas)

1 Reis in ein Sieb geben und so lange unter fließendem kalten Wasser abspülen, bis das Wasser klar abläuft. Den Reis in einem Topf mit gut 2 Tassen Wasser zum Kochen bringen. Etwa 15 Minuten bei schwacher Hitze garen, dabei mehrmals umrühren. Den Topf von der Kochstelle nehmen. Den Reis zugedeckt weitere etwa 15 Minuten im Topf ausquellen lassen.

2 Reisessig erwärmen. Salz und Zucker darin unter Rühren auflösen. Den gegarten Reis in ein flaches Gefäß (nach Möglichkeit ein Holzgefäß) geben. Die Essiglösung möglichst ohne zu rühren unterarbeiten (schwenken). Den Reis mit einem feuchten Tuch zudecken.

3 Lachsfilet kurz unter fließendem kalten Wasser abspülen, trocken tupfen und in 18 schräge Scheiben schneiden.

4 Jeweils etwas Wasabipaste auf die Lachsscheiben streichen. Eine tischtennisgroße Reisportion in die eine Hand und eine Lachsscheibe (bestrichene Seite nach oben) in die andere Hand nehmen. Den Reis auf die Lachsscheibe drücken und dabei in die typische längliche Form bringen. Mit der Lachsseite nach oben zeigend auf einer Platte anrichten.

5 So weiter fortfahren, bis 18 Sushi entstanden sind. Mit Sojasauce, eingelegtem Ingwer und restlicher Wasabipaste servieren.

Sushi mit Tunfisch

24 Stück | Pro Portion: E: **52** g, F: **29** g, Kh: **59** g, kJ: **2974**, kcal: **707**, BE: **5,0**

- 2 Tassen Sushireis (etwa 240 g)
- gut 2 Tassen Wasser
- 3 EL Reisessig oder verdünnter Apfelessig
- 1 gestr. TL Salz
- 350 g ganz frisches Tunfischfilet
- 1 Tube Wasabipaste (erhältlich im Asialaden)
- 300 g TK-Edamame (junge grüne Sojabohnen)
- grobes Meersalz
- 150 ml Sojasauce
- 2 EL Austernsauce (Asiatische Würzsauce)
- 1 Beet Shiso-Kresse

1 Reis in ein Sieb geben und so lange unter fließendem kalten Wasser abspülen, bis das Wasser klar abläuft. Den Reis in einem Topf mit gut 2 Tassen Wasser, zugedeckt zum Kochen bringen und etwa 15 Minuten bei schwacher Hitze garen, dabei mehrmals umrühren. Dann den Topf von der Kochstelle nehmen, mit einem feuchten Tuch bedecken und den Reis weitere etwa 10 Minuten ausquellen lassen.

2 Den gegarten Reis in eine große Schüssel geben und mit einem Frühstücksteller kalt wedeln. Den Essig mit Salz verrühren. Die Würzmischung unter den Reis mischen.

3 Das Tunfischfilet kurz unter fließendem kalten Wasser abspülen, trocken tupfen und in dünne Scheiben schneiden.

4 Eine etwa tischtennisballgroße Reismenge mit angefeuchteten Händen zu einem länglichen Reiskörper formen. Mit dem Zeigefinger eine kleine Menge Wasabipaste (etwa eine Messerspitze) auf eine Scheibe Tunfisch streichen und diese dann mit leichtem Druck auf den Reiskörper kleben. So lange fortfahren, bis die Zutaten verbraucht sind.

5 Die gefrorenen Edamame in einen Topf geben und zugedeckt etwa 5 Minuten dünsten, herausnehmen, mit grobem Meersalz bestreuen und in ein Schälchen geben.

6 Die Sojasauce mit der Austernsauce verrühren und ebenfalls in ein Schälchen geben.

7 Die Shiso Kresse abspülen, trocken tupfen und vom Beet schneiden.

8 Die Sushi auf einer Platte anrichten und mit der Kresse garnieren. Sauce und die Sojabohnen dazureichen.

Zubereitungszeit: **50 Minuten, ohne Quellzeit** | Garzeit: etwa **15 Minuten**

Maki-Sushi mit Tunfisch

18 Stück | Pro Stück: E: **4** g, F: **2** g, Kh: **11** g, kJ: **331**, kcal: **78**, BE: **1,0**

2 Tassen Sushireis (etwa 240 g)
gut 2 Tassen Wasser
3 EL Reisessig
½ gestr. TL Salz
½ TL Zucker

200 g ganz frisches Tunfischfilet (möglichst ein langes, etwa 5 cm breites Stück)
4 Blätter getrocknete Norialgen (erhältlich im Asialaden oder in der Spezialitätenabteilung im Supermarkt)

Außerdem:
2 EL Sojasauce
1 EL Wasabipaste (erhältlich im Asialaden)
125 g abgetropfter, eingelegter Ingwer (aus dem Glas)

1 Reis in ein Sieb geben und so lange unter fließendem kalten Wasser abspülen, bis das Wasser klar abläuft. Den Reis in einem Topf mit gut 2 Tassen Wasser zum Kochen bringen, dabei mehrmals umrühren. Den Reis zugedeckt etwa 15 Minuten bei schwacher Hitze garen. Den Topf von der Kochstelle nehmen. Den Reis zugedeckt weitere etwa 15 Minuten im Topf ausquellen lassen.

2 Reisessig erwärmen. Salz und Zucker darin unter Rühren auflösen. Den gegarten Reis in ein flaches Gefäß (nach Möglichkeit ein Holzgefäß) geben. Die Essiglösung möglichst ohne zu rühren unterarbeiten (schwenken). Den Reis mit einem feuchten Tuch zudecken.

3 Tunfischfilet kurz unter fließendem kalten Wasser abspülen, trocken tupfen und in 4 gleich lange Streifen schneiden.

4 Ein Norialgenblatt auf eine Sushimatte legen. Ein Viertel der Reismasse darauf verteilen. Einen Streifen Tunfisch in die Mitte des Blattes legen und zu einer festen Rolle aufrollen. Mit den restlichen Norialgenblättern und der restlichen Reismasse ebenso verfahren. Die Rollen in jeweils 4–5 Maki-Röllchen schneiden.

5 Sojasauce mit Wasabipaste verrühren. Sushi mit dem eingelegten Ingwer und der Sauce servieren.

Zubereitungszeit: **30 Minuten, ohne Marinierzeit**

Zitrusgebeizter Lachs

6–8 Portionen | Pro Portion: E: **23** g, F: **13** g, Kh: **1** g, kJ: **877**, kcal: **210**, BE: **0,0**

- 800 g Lachsfilet, ohne Haut und Gräten
- 40 g Salz
- 80 g Zucker
- 6 Bio-Zitronen (unbehandelt, ungewachst)
- 2–3 EL Zitronenpfeffer
- 4 EL Schnittlauchröllchen

1 Lachsfilet kurz unter fließendem kalten Wasser abspülen und trocken tupfen. Salz und Zucker gut vermischen.

2 Die Hälfte der Salz-Zucker-Mischung auf dem Boden einer länglichen Form mit hohem Rand verteilen. Lachsfilet darauflegen und mit der restlichen Salz-Zucker-Mischung bestreuen.

3 Zitronen heiß abwaschen und abtrocknen. Die Schale mit einem Zestenreißer abziehen oder mit einer kleinen Reibe abreiben. Die Zitronen halbieren und den Saft auspressen.

4 Den Zitronensaft um das Lachsfilet gießen. Der Lachs sollte mindestens bis zur Hälfte, höchstens aber bis zu ⅔ im Zitronensaft liegen (richtige Form aussuchen!).

5 Zitronenschale auf dem Lachsfilet verteilen und mit Zitronenpfeffer bestreuen. Die Form mit Frischhaltefolie zudecken und etwa 48 Stunden im Kühlschrank durchziehen lassen, evtl. zwischendurch mit der Zitronenmarinade begießen.

6 Die Zitronenmarinade abgießen. Lachsfilet mit Schnittlauchröllchen bestreuen und in etwa 5 mm dicke Scheiben schneiden.

Tipp: Durch die Säure wirkt der Lachs äußerlich wie gegart, sollte aber im Kern noch glasig sein. Den zitrusgebeizten Lachs mit Crème fraîche und Blattsalaten als Vorspeise servieren.

Ceviche von Lachs und Zander

2 Portionen | Pro Portion: E: **40** g, F: **22** g, Kh: **5** g, kJ: **1577**, kcal: **377**, BE: **0,0**

200 g frisches Lachsfilet, ohne Haut und Gräten
200 g frisches Zanderfilet, ohne Haut und Gräten

2 Bio-Limetten (unbehandelt, ungewachst)
3 Limetten
½ gestr. TL Salz
1 große, rote Chilischote
2 dünne Frühlingszwiebeln
2 EL Olivenöl

Salz, gem. Pfeffer
6 Stängel Koriander

evtl. einige vorbereitete Bio-Limettenscheiben (unbehandelt, ungewachst)

1 Lachs- und Zanderfilet kurz unter fließendem kalten Wasser abspülen, trocken tupfen und in gleich große Stücke (etwa 2 x 1 cm) schneiden. Die Fischstücke in eine flache Schale legen.

2 Die Bio-Limetten heiß abwaschen und abtrocknen. Die Schale mit einem Zestenreißer abziehen oder die Schale mit einer kleinen Reibe abreiben. Alle Limetten halbieren und den Saft auspressen. Limettensaft mit Salz verrühren und auf den Fischstücken verteilen. Fischstücke mit Frischhaltefolie zudecken und etwa 4 Stunden im Kühlschrank marinieren.

3 Die marinierten Fischstücke in einem Sieb abtropfen lassen. Angesammelte Flüssigkeit weggießen.

4 Chilischote abspülen, trocken tupfen, entstielen, längs halbieren und entkernen. Die Chilischote in sehr kleine Würfel schneiden. Frühlingszwiebeln putzen, abspülen, abtropfen lassen und in feine Scheiben schneiden.

5 Olivenöl mit Chiliwürfeln, Frühlingszwiebelscheiben und Limettenschale verrühren. Die Fischstücke hinzugeben und gut untermischen. Die Zutaten mit Salz und Pfeffer abschmecken.

6 Koriander abspülen und trocken tupfen. Die Blätter von den Stängeln zupfen. Ceviche mit Korianderblättern und nach Belieben mit Limettenscheiben garniert sofort servieren.

Zubereitungszeit: **45 Minuten** | Garzeit: Muscheln etwa **10 Minuten** | Gratinierzeit: etwa **5 Minuten**

Venusmuscheln in Mandelbutter

4–6 Portionen | Pro Portion: E: **6** g, F: **22** g, Kh: **3** g, kJ: **993**, kcal: **237**, BE: **0,5**

1 kg große Venusmuscheln
1 Zwiebel
1 Möhre
2 Stängel Thymian
4 EL Olivenöl
125 ml Weißwein
125 ml Wasser

Für die Mandelbutter:
1 kleine Knoblauchzehe
1 Bio-Zitrone (unbehandelt, ungewachst)
100 g Butter (zimmerwarm)
3 EL abgezogene, gem. Mandeln
2 EL klein geschnittene Petersilie

Salz
gem. Pfeffer

grobes Meersalz für das Backblech

1 Die Muscheln in reichlich kaltem Wasser gründlich waschen und einzeln abbürsten, bis sie nicht mehr sandig sind (Muscheln, die sich beim Waschen öffnen, sind ungenießbar). Evtl. die Fäden (Bartbüschel) entfernen.

2 Zwiebel abziehen und in kleine Würfel schneiden. Möhre putzen, schälen, abspülen, abtropfen lassen und in dünne Scheiben schneiden. Die Thymianstängel abspülen und trocken tupfen.

3 Olivenöl in einem Topf erhitzen. Die Zwiebelwürfel und Möhrenscheiben darin andünsten. Muscheln, Thymian, Weißwein und Wasser hinzufügen. Die Zutaten zum Kochen bringen und zugedeckt etwa 10 Minuten dünsten, bis alle Muscheln geöffnet sind (Muscheln, die sich nach dem Garen nicht öffnen, sind ungenießbar).

4 Den Backofengrill vorheizen.

5 Für die Mandelbutter Knoblauch abziehen und klein würfeln. Die Zitrone heiß abwaschen, abtrocknen und die Schale abreiben. Zitrone halbieren und den Saft auspressen. Butter mit Mandeln, Petersilie und Knoblauch zu einer geschmeidigen Masse verrühren. Zitronenschale unterrühren. Die Mandelbutter mit Salz, Pfeffer und etwas Zitronensaft abschmecken.

6 Ein Backblech mit Meersalz bestreuen. Die geöffneten Muscheln großzügig mit der Mandelbutter bestreichen und nebeneinander auf das Backblech setzen, damit sie nicht umkippen.

7 Das Backblech unter den vorgeheizten Backofengrill schieben. Die Muscheln **etwa 5 Minuten goldgelb gratinieren.** Die Muscheln sofort servieren.

Beilage: Dazu schmeckt ofenfrisches Baguette.

Zubereitungszeit: **40 Minuten** | Garzeit: **3–4 Minuten**

Austern im Serranomantel

12 kleine Spieße | Pro Stück: E: **3** g, F: **1** g, Kh: **1** g, kJ: **106**, kcal: **25**, BE: **0,0**

12 Austern
6 Scheiben Serranoschinken
1 EL Olivenöl
2 EL Butter
gem. Pfeffer

Zum Garnieren:
1 Bio-Zitrone (unbehandelt, ungewachst)
etwas glatte Petersilie

Außerdem:
12 Holzstäbchen

1 Die Austern gründlich waschen und mit dem sogenannten Austernbrecher öffnen. Die Austern dazu in die linke Hand nehmen (stark gewölbte Schale nach unten). Den Austernbrecher zwischen die Schalen stecken und leicht auf und ab bewegen. Das Muschelfleisch aus den Schalen lösen.

2 Schinkenscheiben längs halbieren. Die Schinkenstreifen mit je einer Auster belegen, einwickeln und auf ein Holzstäbchen stecken.

3 Olivenöl in einer Pfanne erhitzen. Butter hinzufügen und aufschäumen lassen. Die eingewickelten Austern darin unter ständigem Rütteln der Pfanne in 3–4 Minuten leicht bräunen, herausnehmen und mit Pfeffer bestreuen.

4 Zum Garnieren Zitrone heiß abwaschen, abtrocknen und vierteln. Petersilie abspülen und trocken tupfen. Die Austernspieße mit Zitronenspalten und Petersilie garniert servieren.

Tipp: Austern müssen beim Einkauf geschlossen sein. Werfen Sie offene Austern weg, da sie meist tot und gesundheitsschädlich sind.

Zubereitungszeit: **20 Minuten** | Garzeit: etwa **10 Minuten** je Muschelsorte

Zweierlei Muscheln (Vongole und Schwertmuscheln)

4 Portionen | Pro Portion: E: **11** g, F: **20** g, Kh: **5** g, kJ: **1170**, kcal: **280**, BE: **0,0**

Zum Vorbereiten:
1 kg Vongole (kleine Herzmuscheln)
1 kg Schwertmuscheln

Für die Vongole:
2 Schalotten
1 Knoblauchzehe
2 EL Olivenöl
100 ml trockener Weißwein
2 große Tomaten
2 EL klein geschnittene Petersilie
1 EL Butter
Salz
gem. weißer Pfeffer

Für die Schwertmuscheln:
2 Schalotten
2 EL Suppengrün (Sellerie, Möhren, Porree)
2 EL Olivenöl
1 TL frische Thymianblättchen
100 ml trockener Weißwein
1 EL Butter
Salz, gem. weißer Pfeffer

1 Zum Vorbereiten beide Muschelsorten getrennt in reichlich kaltem Wasser gründlich waschen und einzeln abbürsten, bis sie nicht mehr sandig sind (Muscheln, die sich beim Waschen öffnen sowie beschädigte Muscheln sind ungenießbar).

2 Für die Vongole Schalotten und Knoblauch abziehen. Die Schalotten in Würfel schneiden und den Knoblauch fein hacken.

3 Olivenöl in einem breiten, flachen Topf erhitzen. Die Schalottenwürfel und den Knoblauch darin andünsten. Vorbereitete Herzmuscheln hinzugeben und den Topf mit einem Deckel verschließen. Die Herzmuscheln unter Rütteln des Topfes etwa 2 Minuten dünsten, anschließend den Weißwein hinzugießen und zum Kochen bringen. Die Herzmuscheln zugedeckt etwa 5 Minuten kochen lassen.

4 Tomaten abspülen, trocken tupfen, halbieren und die Stängelansätze herausschneiden. Tomaten in Würfel schneiden.

5 Die gegarten Herzmuscheln mit einer Schaumkelle aus dem Sud nehmen (Muscheln, die sich nach dem Garen nicht öffnen, sind ungenießbar).

6 Tomatenwürfel, Petersilie und Butter zu dem Sud in den Topf geben und kräftig aufkochen lassen, mit Salz und Pfeffer abschmecken. Die Herzmuscheln wieder in den Sud geben, durchschwenken und dann servieren.

7 Für die Schwertmuscheln Schalotten abziehen und in kleine Würfel schneiden. Suppengrün putzen, schälen, abspülen, abtropfen lassen und in kleine Würfel schneiden.

8 Olivenöl in einem Topf erhitzen. Die Schalotten-, Gemüsewürfel und den Thymian darin etwa 5 Minuten dünsten. Die vorbereiteten Schwertmuscheln hinzugeben und den Topf mit einem Deckel verschließen. Die Schwertmuscheln etwa 2 Minuten dünsten, dann den Wein hinzugießen und zum Kochen bringen. Die Schwertmuscheln zugedeckt etwa 5 Minuten kochen lassen.

9 Die gegarten Schwertmuscheln mit einer Schaumkelle aus dem Sud nehmen. Die Butter zum Sud in den Topf geben und kräftig aufkochen lassen. Anschließend mit Salz und Pfeffer würzen.

10 Die Schwertmuscheln anrichten und mit dem Sud übergießen.

Zubereitungszeit: **60 Minuten, ohne Auftauzeit** | Garzeit: TK-Calamari **10–12 Minuten**, frische Calamari **6–8 Minuten**

Gefüllte Calamari

4 Portionen | Pro Portion: E: **23** g, F: **40** g, Kh: **23** g, kJ: **2351**, kcal: **562**, BE: **2,0**

400 g TK-Calamarituben
oder 600 g küchenfertige kleine Calamarituben
3 Schalotten
2 Knoblauchzehen
1 Bund glatte Petersilie
1 Bio-Zitrone (unbehandelt, ungewachst)
100 ml Olivenöl
6 EL Semmelbrösel
Salz
gem. Pfeffer

2 EL Olivenöl
2 EL Butter
100 ml Fischfond oder Gemüsebrühe
50 ml Noilly Prat (Wermut) oder Ricard (Anisschnaps)

Zitronenspalten von 1 Bio-Zitrone (unbehandelt, ungewachst)
einige glatte Petersilienspitzen

Außerdem:
Holzstäbchen

1 Calamarituben nach Packungsanleitung auftauen lassen. Calamarituben kurz unter fließendem kalten Wasser abspülen und trocken tupfen.

2 Schalotten und Knoblauch abziehen, in kleine Würfel schneiden. Petersilie abspülen und trocken tupfen. Die Blättchen von den Stängeln zupfen. Blättchen klein schneiden. Zitrone heiß abwaschen und abtrocknen. Die Schale mit einem Zestenreißer abziehen oder mit einer kleinen Reibe abreiben. Zitrone halbieren und den Saft auspressen und beiseitestellen.

3 Olivenöl in einer Pfanne erhitzen. Schalotten- und Knoblauchwürfel darin andünsten. Semmelbrösel hinzufügen und unter Rühren 2–3 Minuten mitdünsten lassen. Petersilie und Zitronenschale hinzufügen. Mit Salz, Pfeffer und Zitronensaft abschmecken. Die Masse mit einem Teelöffel in die Calamarituben füllen und mit Holzstäbchen feststecken.

4 Olivenöl in einem Topf erhitzen, die Butter darin zerlassen. Die Calamarituben hinzufügen und von allen Seiten anbraten. Fischfond oder Brühe und Noilly Prat oder Ricard hinzugießen, zum Kochen bringen. Frische Calamarituben zugedeckt in 6–8 Minuten (TK-Calamarituben in 10–12 Minuten) weich schmoren lassen. Calamarituben mit dem Sud in einer flachen Schale anrichten. Mit Zitronenspalten und abgespülten, trocken getupften Petersilienspitzen garniert servieren.

Beilage: Dazu schmeckt ofenfrisches Baguette.

Fischburger

4 Portionen | Pro Portion: E: **29** g, F: **30** g, Kh: **52** g, kJ: **2510**, kcal: **601**, BE: **4,0**

- 400 g Seelachsfilet
- Salz
- gem. weißer Pfeffer
- 4 Frühlingszwiebeln
- 1 EL klein geschnittene Petersilie
- 1 EL klein geschnittene Dillspitzen

- 1 Ei (Größe M)
- Zitronensaft
- Cayennepfeffer
- 2 EL Semmelbrösel
- 2 EL Speiseöl
- 1 EL Butter

- 1 rote Zwiebel
- 4 Körnerbrötchen
- Salatblätter
- 4 EL Remoulade
- 4 EL Tomatenketchup

1 Das Seelachsfilet kurz unter fließendem kalten Wasser abspülen, trocken tupfen und grob würfeln. Mit Salz und Pfeffer würzen. Die Frühlingszwiebeln putzen, abspülen, abtropfen lassen und in etwa 1 cm große Stücke schneiden. Die Fischwürfel zusammen mit den Frühlingszwiebelstücken in eine Küchenmaschine geben und pürieren.

2 Petersilie, Dill und das Ei unter die Fischpüreemasse rühren, mit etwas Zitronensaft und Cayennepfeffer abschmecken.

3 Aus der Masse mit angefeuchteten Händen 4 Fischfrikadellen formen und in den Semmelbröseln wenden.

4 Das Speiseöl in einer Pfanne erhitzen. Die Butter hinzugeben und darin zerlassen. Die Fischfrikadellen darin bei mittlerer Hitze etwa 4 Minuten langsam von jeder Seite braten.

5 In der Zwischenzeit die Zwiebel abziehen, quer in Scheiben schneiden, dann in Ringe teilen.

6 Die Brötchen halbieren und die Unterseiten mit abgespülten, trocken getupften Salatblättern belegen. Je eine Fischfrikadelle daraufsetzen. Mit Remoulade, Ketchup und Zwiebelringen toppen (garnieren) und jeweils mit dem Brötchendeckel belegen.

Zubereitungszeit: **15 Minuten** | Garzeit: etwa **10 Minuten**

Omelette mit geräucherter Forelle und grünem Salat

2 Portionen | Pro Portion: E: **54** g, F: **30** g, Kh: **40** g, kJ: **2733**, kcal: **654**, BE: **2,5**

- 6 Eier (Größe M)
- 2 EL Schnittlauchröllchen
- Salz
- gem. Pfeffer
- 4 Frühlingszwiebeln
- 10 Cocktailtomaten

- 1 EL Butter
- 1 geräucherte Forelle (etwa 350 g)
- 250 g grüner Salatmix (1 Beutel, aus der Kühltheke)

- 4 EL Joghurt (3,5 % Fett)
- flüssiger Honig
- Zitronensaft
- 4 Radieschen
- 1 EL Kresse
- 2 Scheiben Vollkornbrot

1 Die Eier mit den Schnittlauchröllchen in einer Schüssel verschlagen, mit Salz und Pfeffer würzen. Frühlingszwiebeln putzen, abspülen, abtropfen lassen und in kleine Stücke schneiden. Cocktailtomaten abspülen, trocken tupfen, halbieren und die Stängelansätze herausschneiden.

2 Den Backofen vorheizen. Ober-/Unterhitze: etwa 120 °C, Heißluft: etwa 100 °C.

3 Butter in einer hitzebeständigen Pfanne zerlassen. Die Frühlingszwiebelstücke darin anbraten. Die Tomatenhälften hinzugeben und kurz durchschwenken. Dann die Eiermasse hinzugießen. Die Pfanne auf dem Rost in den vorgeheizten Backofen schieben. Das Omelette **etwa 10 Minuten stocken lassen**.

4 Die geräucherte Forelle auf einen hitzebeständigen Teller legen und mit auf dem Rost in den vorgeheizten Backofen schieben. Die Forelle erwärmen.

5 Salatmix kurz abspülen, trocken tupfen und in eine Schüssel geben. Joghurt mit Salz, Pfeffer, Honig und etwas Zitronensaft zu einem Dressing verrühren, zum Salatmix in die Schüssel geben und unterheben.

6 Die Radieschen putzen, abspülen, trocken tupfen und stifteln, zusammen mit der abgespülten, trocken getupften Kresse zum Salat geben.

7 Das gegarte Omelette mit der Forelle, dem Salat und den Vollkornbrotscheiben anrichten.

Zubereitungszeit: **30 Minuten, ohne Auftauzeit** | Garzeit: etwa **15 Minuten**

Atlantikzungenröllchen mit Möhren und Zucchini

6 Portionen | Pro Portion: E: **31** g, F: **6** g, Kh: **4** g, kJ: **905**, kcal: **216**, BE: **0,0**

12 TK-Atlantikzungenfilets (etwa 1 kg)

1–2 große Möhren (etwa 250 g)
1 Zucchini (etwa 375 g)
Salzwasser

Salz
gem. Pfeffer
50 g grünes Pesto (aus dem Glas)

200 ml trockener Weißwein

Außerdem:
24 Holzstäbchen

1 Atlantikzungenfilets nach Packungsanleitung auftauen lassen.

2 Möhren putzen, schälen, abspülen und abtropfen lassen. Zucchini abspülen, abtrocknen und die Enden abschneiden. Möhren und Zucchini mit einer Aufschnittmaschine oder mit einem Messer jeweils längs in etwa 2 mm dicke Scheiben schneiden (wenn die Scheiben zu dick sind, lassen sie sich nicht einrollen).

3 Möhren- und Zucchinischeiben in kochendem Salzwasser vorsichtig blanchieren (nicht zu weich!). Möhren- und Zucchinischeiben in ein Sieb geben, mit eiskaltem Wasser abschrecken, abtropfen lassen und trocken tupfen.

4 Den Backofen vorheizen. Ober-/Unterhitze: etwa 160 °C, Heißluft: etwa 140 °C.

5 Die Atlantikzungenfilets kurz unter fließendem kalten Wasser abspülen, trocken tupfen und längs halbieren. Filets von beiden Seiten mit Salz und Pfeffer würzen. Die Hautseite der Filets dünn mit Pesto bestreichen.

6 Jeweils 12 Atlantikzungenfilets mit Möhrenscheiben und 12 Atlantikzungenfilets mit Zucchinischeiben belegen (evtl. die Gemüsescheiben in Breite der Filets schneiden). Die Fischfilets fest aufrollen und mit Holzstäbchen feststecken.

7 Die Fischröllchen in eine Auflaufform (leicht gefettet) setzen und den Weißwein hinzugießen. Die Form auf dem Rost in den vorgeheizten Backofen schieben. Die Atlantikzungenröllchen **etwa 15 Minuten garen.**

Tipp: Die Atlantikzungenröllchen mit knackigen Blattsalaten und ofenfrischem Baguette servieren.

Aus Topf und Pfanne

Heute schon jemanden in die Pfanne gehauen? Geht ganz einfach – vielleicht mal Seeteufel, Rotbarbe, Scholle, Pangasius, Tunfisch oder Lachs? Sie können Fisch natürlich auch dämpfen, dünsten oder langsam im Sud garen.

Schmeckt garantiert nicht nur freitags!

de BUYER

Zubereitungszeit: **35 Minuten** | Garzeit: etwa **12 Minuten**

Gefüllte Schollenfilets auf karamellisiertem Chicorée

4 Portionen | Pro Portion: E: **35** g, F: **22** g, Kh: **12** g, kJ: **1757**, kcal: **419**, BE: **1,0**

150 g Lachsfilet
Salz
gem. weißer Pfeffer
80 g Schlagsahne
20 ml Pernod (Anisschnaps)

8 große Schollenfilets ohne Haut (etwa 600 g)
100 ml trockener Weißwein

2 EL Butter
1 EL braunen Zucker

2 große Chicorée (etwa 350 g)
200 ml Orangensaft

Außerdem:
Holzstäbchen

1 Das Lachsfilet kurz unter fließendem kalten Wasser abspülen, trocken tupfen, grob würfeln, auf einen Teller legen und kurz im Gefrierschrank kalt werden lassen.

2 Anschließend die Lachswürfel mit Salz und Pfeffer würzen und in der Küchenmaschine pürieren. Die Sahne in 2 Portionen unterheben. Mit etwas Pernod aromatisieren.

3 Den Backofen vorheizen. Ober-/Unterhitze: etwa 160 °C, Heißluft: etwa 140 °C.

4 Die Schollenfilets kurz unter fließendem kalten Wasser abspülen, trocken tupfen, längs halbieren, gleichmäßig mit der Lachsfarce bestreichen und aufrollen. Mit Holzstäbchen feststecken.

5 Die Röllchen auf ein Backblech (gefettet) setzen und den Weißwein hinzugießen. Das Backblech in den vorgeheizten Backofen schieben. Die Fischröllchen etwa 12 Minuten garen.

6 In der Zwischenzeit den Chicorée putzen und den Strunk abschneiden. Chicorée in einzelne Blätter teilen.

7 Die Butter in einer großen Pfanne zerlassen, den Zucker darin hell karamellisieren. Die Chicoréeblätter darin schwenken und den Orangensaft hinzugießen. Die Chicoréeblätter zugedeckt so lange garen, bis die Flüssigkeit fast verkocht ist. Mit Salz und Pfeffer würzen.

8 Die Chicoréeblätter fächerartig als Kreis auf 4 vorgewärmte Teller legen. Jeweils 4 Schollenfilets darauf anrichten. Mit dem Chicoréesud beträufeln.

Beilage: Dazu passen kross gebratene Kartoffelwürfel.

Tipp: Garnieren Sie das Gericht mit Tomatenwürfeln und Schnittlauchröllchen.

Zubereitungszeit: **35 Minuten** | Garzeit: etwa **15 Minuten**

Schollenfilets
auf Schnippelbohnen mit gebratenen Kartoffelwürfeln

4 Portionen | Pro Portion: E: **40** g, F: **23** g, Kh: **27** g, kJ: **2071**, kcal: **495**, BE: **1,5**

2 Schalotten
2 EL Butter
800 g Schollenfilet ohne Haut
Salz
gem. weißer Pfeffer
600 g Schneidebohnen
Salzwasser
600 g große Kartoffeln
100 ml trockener Weißwein

1 rote Zwiebel
4 EL Olivenöl

1 Schalotten abziehen und in kleine Würfel schneiden. Ein Backblech mit der Butter fetten und die Schalottenwürfel darauf verteilen.

2 Den Backofen vorheizen. Ober-/Unterhitze: etwa 180 °C, Heißluft: etwa 160 °C.

3 Die Schollenfilets kurz unter fließendem kalten Wasser abspülen, trocken tupfen, mit Salz und Pfeffer würzen. Die Enden der Filets jeweils umklappen und mit der umgeklappten Seite nach unten auf dem Backblech verteilen.

4 Von den Bohnen die Enden abschneiden, die Bohnen evtl. abfädeln. Bohnen abspülen, abtropfen lassen und in etwa 6 cm lange Stücke schneiden. Die Bohnenstücke in feine Streifen schneiden und in kochendem Salzwasser in etwa 5 Minuten gar kochen. Anschließend die Bohnenstreifen in ein Sieb geben, mit kaltem Wasser abschrecken und abtropfen lassen. Die Kartoffeln schälen, abspülen, abtropfen lassen und in etwa 1 cm große Würfel schneiden.

5 Den Weißwein über die Schollenfilets geben. Anschließend das Backblech in den vorgeheizten Backofen schieben. Die Schollenfilets **etwa 15 Minuten garen.**

6 In der Zwischenzeit die Zwiebel abziehen und in Streifen schneiden.

7 Zwei Esslöffel Olivenöl in einer Pfanne erhitzen. Die Kartoffelwürfel darin von allen Seiten in 6–8 Minuten gar und goldgelb braten.

8 Restliches Olivenöl in einer Pfanne erhitzen. Die Zwiebelstreifen darin andünsten, dann die Bohnenstreifen hinzugeben und miterhitzen. Mit Salz und Pfeffer würzen. Die Kartoffelwürfel ebenfalls mit Salz und Pfeffer würzen.

9 Die Schollenfilets mit den Schnippelbohnen und Kartoffelwürfeln auf Tellern anrichten.

Beilage: Dazu passt ofenfrisches Baguette und eine Senf-Kräuter-Hollandaise (Fertigprodukt).

Zubereitungszeit: **45 Minuten** | Bratzeit: **8–10 Minuten**

Viktoriabarsch
mit Roter Bete, Feldsalat und Dillcreme

4 Portionen | Pro Portion: E: **44** g, F: **36** g, Kh: **18** g, kJ: **2401**, kcal: **575**, BE: **1,5**

Für den Rote-Bete-Salat:
1 Bio-Orange (unbehandelt, ungewachst)
250 g gegarte Rote Bete (vakuumverpackt)
2 EL Himbeeressig
1 EL flüssiger Honig
2 EL mildes Olivenöl
Salz
gem. Pfeffer

Für den Feldsalat:
400 g Feldsalat
2 EL Weißweinessig
1 EL flüssiger Honig
5 EL Walnussöl

Für die Dillcreme:
½ Bund Dill
150 g Crème fraîche

800 g Viktoriabarschfilet

2 EL Sonnenblumenöl zum Anbraten

1 Für den Rote-Bete-Salat Orange heiß abwaschen und abtrocknen. Die Schale mit einem Zestenreißer abziehen oder die Schale mit einer kleinen Reibe abreiben. Orange halbieren und den Saft auspressen.

2 Rote Bete in Spalten schneiden und in eine Schüssel geben. Orangenschale und -saft mit Himbeeressig und Honig verrühren. Olivenöl unterschlagen. Mit Salz und Pfeffer würzen. Die Marinade zu den Rote-Bete-Spalten geben und vorsichtig untermengen.

3 Für den Feldsalat von dem Feldsalat die Wurzelenden abschneiden. Schlechte Blätter entfernen. Den Salat gründlich waschen und abtropfen lassen. Essig mit Honig verrühren, Walnussöl unterschlagen. Mit Salz und Pfeffer würzen.

4 Für die Dillcreme den Dill abspülen und trocken tupfen. Die Spitzen von den Stängeln zupfen. Spitzen klein schneiden. Anschließend die Crème fraîche glatt rühren, Dill unterrühren. Mit Salz und Pfeffer würzen.

5 Viktoriabarschfilet kurz unter fließendem kalten Wasser abspülen, trocken tupfen und in 4 gleich große Portionen teilen. Sonnenblumenöl in einer Pfanne erhitzen. Die Viktoriabarschstücke darin von jeder Seite 4–5 Minuten braten. Mit Salz und Pfeffer würzen.

6 Den Feldsalat in eine Schüssel geben und mit dem Dressing vermischen. Die Viktoriabarschstücke mit dem Rote-Bete-Salat, der Dillcreme und Feldsalat servieren.

Rotbarbenfilets
auf rotem Linsenpüree

2 Portionen | Pro Portion: E: **56** g, F: **26** g, Kh: **40** g, kJ: **2573**, kcal: **615**, BE: **3,5**

12 TK-Rotbarbenfilets
(je etwa 60 g)
1 Zwiebel
1 Knoblauchzehe
2 EL Olivenöl
2 Tassen rote Linsen (300 g)

gut 1 EL Currypulver
750 m Gemüsebrühe
1 kleine getrocknete Chilischote
Salz
gem. Pfeffer
2 Stängel Salbei

3 EL Olivenöl
2 EL Butter

einige Salbeiblättchen

1 Die Rotbarbenfilets nach Packungsanleitung auftauen lassen.

2 Zwiebel und Knoblauch abziehen. Zwiebel in kleine Würfel schneiden und Knoblauch durch eine Knoblauchpresse drücken.

3 Olivenöl in einem Topf erhitzen. Zwiebelwürfel und Knoblauch darin andünsten. Die Linsen hinzufügen und kurz mitdünsten lassen. Mit Curry bestäuben, Gemüsebrühe hinzugießen. Chilischote fein zerbröseln und zu der Linsenmasse geben. Mit Salz würzen. Die Zutaten zum Kochen bringen. Die Linsen zugedeckt etwa 30 Minuten bei schwacher Hitze kochen lassen.

4 Die Linsenmasse mit einem Pürierstab pürieren. Mit Salz, Pfeffer und Curry abschmecken. Das Linsenpüree warm stellen.

5 Den Salbei abspülen und trocken tupfen. Die Blättchen von den Stängeln zupfen. Blättchen grob zerkleinern.

6 Die Rotbarbenfilets kurz unter fließendem kalten Wasser abspülen und trocken tupfen. Olivenöl in einer Pfanne erhitzen. Rotbarbenfilets mit der Hautseite nach unten in die Pfanne legen und bei mittlerer Hitze kross braten. Rotbarbenfilets mit einem Pfannenwender umdrehen und 1 weitere Minute braten.

7 Rotbarbenfilets aus der Pfanne nehmen. Mit Salz und Pfeffer würzen. Butter zum verbliebenen Bratfett in die Pfanne geben und zerlassen, Salbei hinzufügen.

8 Die Rotbarbenfilets auf dem Linsenpüree anrichten und mit der Salbeibutter überziehen. Mit abgespülten, trocken getupften Salbeiblättchen garnieren und sofort servieren.

Beilage: Zu den Rotbarben schmecken geschmorte Kirschtomaten gut.

Saltimbocca vom Seeteufel

4 Portionen | Pro Portion: E: **40** g, F: **26** g, Kh: **21** g, kJ: **2008**, kcal: **479**, BE: **1,5**

- 8 Seeteufelmedaillons (je etwa 80 g, etwa 2 cm dick)
- gem. Pfeffer
- 8 große Salbeiblätter
- 8 Scheiben Parmaschinken
- 1–2 EL Olivenöl
- 1 Knoblauchzehe
- 1 Stängel Rosmarin
- 300 ml Milch
- 300 ml Wasser
- Salz
- 80 g Instant-Polenta (Maisgrieß)
- 2 EL Butter
- 60 g frisch ger. Parmesan
- 12 Cocktailtomaten

Außerdem:
Holzstäbchen

1 Die Seeteufelmedaillons kurz unter fließendem kalten Wasser abspülen, trocken tupfen und mit Pfeffer würzen, aber nicht salzen, da der Schinken gesalzen ist.

2 Salbeiblätter abspülen und gut trocken tupfen. Die Medaillons mit je einem großen Salbeiblatt belegen und dann in je einer Schinkenscheibe einschlagen. Die Schinkenscheiben mit Holzstäbchen feststecken.

3 Olivenöl in einer Pfanne erhitzen. Die Medaillons darin rundherum von jeder Seite etwa 4 Minuten braten.

4 In der Zwischenzeit Knoblauch abziehen und zerdrücken. Rosmarin abspülen und trocken tupfen. Milch und Wasser mit Knoblauch, Rosmarin und Salz in einem Topf zum Kochen bringen. Polenta unter Rühren einstreuen und unter Rühren kurz kochen lassen. Rosmarin und Knoblauch entfernen. Butter und Parmesan unterrühren, mit Salz und Pfeffer abschmecken.

5 Die gebratenen Medaillons aus der Pfanne nehmen. Cocktailtomaten abspülen, trocken tupfen und die Stängelansätze herausschneiden. Die Cocktailtomaten in dem verbliebenen Bratfett von allen Seiten kurz anbraten.

6 Falls die Polenta zu fest geworden ist, mit etwas heißem Wasser cremig rühren und in eine Schüssel geben.

7 Saltimbocca mit den Tomaten auf Tellern anrichten und die Polenta dazureichen.

Hinweis: Saltimbocca ist italienisch und bedeutet soviel wie „Spring in den Mund".

Zubereitungszeit: **30 Minuten, ohne Auftauzeit** | Garzeit TK-Tunfisch: **2–4 Minuten**, frischer Tunfisch: **1½–3 Minuten**

Roh gebratener Tunfisch mit Sesam

2 Portionen | Pro Portion: E: **50** g, F: **46** g, Kh: **17** g, kJ: **2827**, kcal: **675**, BE: **1,5**

4 TK-Tunfischmedaillons oder frische Tunfischmedaillons (je etwa 80 g, etwa 3 cm dick)

Für den Rettich-Möhren-Salat:
1 große Möhre
200 g frischer Rettich
Salz
je 2 EL weißer und schwarzer Sesamsamen (erhältlich im Asialaden)

1 Bund Koriander
1 EL Sesamöl
gem. Pfeffer
2 EL Erdnussöl zum Braten

Außerdem:
200 ml Sojasauce
1 EL Wasabipaste (erhältlich im Asialaden)

1 TK-Tunfischmedaillons nach Packungsanleitung auftauen lassen.

2 Für den Salat Möhre und Rettich putzen, schälen, abspülen und abtropfen lassen. Möhre und Rettich auf einer Haushaltsreibe in lange, dünne Streifen hobeln. Möhren- und Rettichstreifen in eine Schüssel geben, mit Salz würzen und mit den Händen einmal kräftig durchkneten.

3 Tunfischmedaillons kurz unter fließendem kalten Wasser abspülen und trocken tupfen. Je 2 Medaillons in weißen und schwarzen Sesamsamen wenden und andrücken.

4 Koriander abspülen und trocken tupfen. Die Blättchen von den Stängeln zupfen. Den Rettich-Möhren-Salat mit Sesamöl und Pfeffer abschmecken. Zuletzt die Korianderblättchen unterheben.

5 Erdnussöl in einer Pfanne erhitzen. Die Tunfischmedaillons hinzufügen und kurz anbraten. Den TK-Tunfisch von jeder Seite 1–2 Minuten, frischen Tunfisch von jeder Seite 45 Sekunden bis 1 ½ Minuten braten (die Medaillons sollten in der Mitte unbedingt roh bleiben). Die Tunfischmedaillons mit Salz und Pfeffer bestreuen.

6 Den Rettich-Möhren-Salat auf 2 Tellern verteilen und mit je 1 weißen und schwarzen Tunfischmedaillon belegen. Mit Sojasauce und Wasabipaste servieren.

Tipp: Tunfisch hat sehr festes Fleisch, das sich gut zum Braten und Grillen eignet. Es darf jedoch nicht zu lange gegart werden, da es sonst hart wird.

Zubereitungszeit: **25 Minuten** | Garzeit Steinbutt: **20 Minuten**

Steinbuttschnitten mit jungem Rahmgemüse

4 Portionen | Pro Portion: E: **49** g, F: **35** g, Kh: **22** g, kJ: **2503**, kcal: **599**, BE: **1,5**

Zum Vorbereiten:
1 Kohlrabi
1 Bund junge Möhren
1 Bund Frühlingszwiebeln

4 Steinbuttschnitten
(etwa 300 g, mit Gräte)
Salz
gem. weißer Pfeffer
etwas Weizenmehl
2 EL Olivenöl

4 EL Butter
1 EL Weizenmehl
1 Tasse Wasser
150 g Schlagsahne
Zitronensaft
2 EL klein geschnittener Kerbel

1 Zum Vorbereiten Kohlrabi und Möhren putzen, schälen, abspülen und abtropfen lassen. Den Kohlrabi zuerst in Scheiben, dann in Stifte schneiden. Die Möhren in Scheiben schneiden. Frühlingszwiebeln putzen, abspülen, abtropfen lassen und in etwa 3 cm lange Stücke schneiden.

2 Den Backofen vorheizen. Ober-/Unterhitze: etwa 180 °C, Heißluft: etwa 160 °C.

3 Die Steinbuttschnitten kurz unter fließendem kalten Wasser abspülen, trocken tupfen, mit Salz und Pfeffer würzen und mit etwas Mehl bestäuben.

4 Olivenöl in einer hitzebeständigen Pfanne erhitzen, die Hälfte der Butter darin zerlassen. Die Steinbuttschnitten darin von beiden Seiten anbraten. Dann die Pfanne auf dem Rost in den vorgeheizten Backofen schieben. Die Steinbuttschnitten **etwa 20 Minuten garen.** Dabei die Steinbuttschnitten mehrmals mit dem heißen Bratfett begießen.

5 In der Zwischenzeit die restliche Butter in einem Topf zerlassen. Das vorbereitete Gemüse darin evtl. portionsweise unter Rühren andünsten, mit Mehl bestäuben. Eine Tasse Wasser hinzugießen und gut unterrühren. Mit Salz und Pfeffer würzen. Das Gemüse zum Kochen bringen, etwa 10 Minuten kochen lassen. Die Sahne hinzugießen und das Gemüse nochmals aufkochen lassen. Mit Salz, Pfeffer, Zitronensaft und Kerbel abschmecken.

6 Die Steinbuttschnitten mit dem Rahmgemüse anrichten und servieren.

Beilage: Servieren sie dazu kleine gegarte, in Butter geschwenkte Kartoffeln.

Tipps: Anstelle des hochpreisigen Steinbutts kann auch der günstigere Heilbutt verwendet werden. Das Rahmgemüse lässt sich gut variieren, z. B. mit zusätzlichen frisch gepalten Erbsen.

Zubereitungszeit: **35 Minuten, ohne Auftauzeit** | Garzeit: **6 Minuten**

Pangasiusfilets
mit Erdnusssauce und Gemüsenudeln

2 Portionen | Pro Portion: E: **42** g, F: **19** g, Kh: **83** g, kJ: **2864**, kcal: **685**, BE: **6,5**

2 TK-Pangasiusfilets (je etwa 180 g)

½ Stange Porree (Lauch)
2 junge Möhren
4 Stangen grüner Spargel

200 g Asianudeln oder schmale Bandnudeln
Salzwasser
3 Stängel Koriander
2 EL Sesamöl
Salz
gem. Pfeffer

2 EL Sonnenblumenöl
1 EL Butter

2–3 EL Erdnusssauce (erhältlich im Asialaden)

1 Pangasiusfilets nach Packungsanleitung auftauen lassen.

2 Porree putzen, längs halbieren, gründlich waschen, abtropfen lassen und in breite Streifen schneiden. Möhren putzen, schälen, abspülen und abtropfen lassen. Möhren mit einem Sparschäler längs in dünne Streifen schneiden. Von dem Spargel das untere Drittel schälen und die unteren holzigen Enden abschneiden. Dann die Spargelstangen ebenfalls mit dem Sparschäler längs in dünne Streifen schneiden.

3 Die Nudeln in kochendem Salzwasser nach Packungsanleitung garen. Die Möhren- und Gemüsestreifen etwa 2 Minuten vor Ende der Garzeit zu den Nudeln in den Topf geben und mitgaren lassen. Den Koriander abspülen und trocken tupfen. Die Blättchen von den Stängeln zupfen. Einige Blättchen zum Garnieren beiseitelegen.

4 Nudeln und Gemüsestreifen in einem Sieb abtropfen lassen und in eine Schüssel geben. Sesamöl und Korianderblättchen unterheben, mit Salz und Pfeffer abschmecken und warm stellen.

5 Die Pangasiusfilets kurz unter fließendem kalten Wasser abspülen und trocken tupfen. Sonnenblumenöl in einer Pfanne erhitzen. Pangasiusfilets mit Salz und Pfeffer würzen und in die Pfanne geben. Die Fischfilets von jeder Seite etwa 3 Minuten braten. Butter hinzufügen.

6 Pangasiusfilets mit den Gemüsenudeln und der kalten Erdnusssauce anrichten. Mit den beiseitegelegten Korianderblättchen garniert servieren.

Tipp: Geben Sie zusätzlich noch einige gehackte Erdnusskerne in die Erdnusssauce.

Lachs mit grüner Sauce

2 Portionen | Pro Portion: E: **34** g, F: **63** g, Kh: **3** g, kJ: **2975**, kcal: **711**, BE: **0,0**

Für die Sauce:
je ½ Bund glatte Petersilie, Dill und Kerbel
4 EL Delikatessmayonnaise
4 EL Joghurt (3,5 % Fett)
Salz
gem. Pfeffer
Zitronensaft

2 Lachsschnitten mit Haut, geschuppt (je etwa 160 g)
2 EL Olivenöl
1 EL Butter

1 Für die Sauce Kräuter abspülen und trocken tupfen. Von den Kräutern jeweils 4 Stängel beiseitelegen. Von den restlichen Kräutern die Blättchen bzw. Spitzen von den Stängeln zupfen. Blättchen und Spitzen klein schneiden.

2 Mayonnaise mit Joghurt glatt rühren, mit Salz, Pfeffer und einem Spritzer Zitronensaft würzen. Klein geschnittene Kräuter unter die Sauce rühren.

3 Lachsschnitten kurz unter fließendem kalten Wasser abspülen und trocken tupfen. Olivenöl in einer Pfanne erhitzen. Lachsschnitten mit der Hautseite nach unten in die Pfanne legen und bei mittlerer Hitze kross braten.

4 Butter hinzugeben, aufschäumen lassen und die Lachsschnitten mit einem Pfannenwender wenden. Die Pfanne von der Kochstelle nehmen. Die Lachschnitten kurz in der Pfanne gar ziehen lassen.

5 Die grüne Sauce auf 2 Tellern verteilen. Die Lachsschnitten mit Salz und Pfeffer würzen und mit der Hautseite nach oben in die Sauce setzen. Mit den beiseitegelegten Kräuterstängeln garnieren und sofort servieren.

Beilage: Als Beilage passen gedünstete Gurke und in Butter geschwenkte Kartoffeln.

Zanderfilet
mit Zitronen-Kapern-Butter und Rauke

2 Portionen | Pro Portion: E: **21** g, F: **48** g, Kh: **10** g, kJ: **2360**, kcal: **564**, BE: **1,0**

- 2 Bund Rucola (Rauke)
- 1 EL Weißweinessig
- 1 EL flüssiger Honig
- 1 TL körniger Senf
- 4 EL Sonnenblumenöl
- Salz
- gem. Pfeffer
- 1 Zitrone

- 200 g Zanderfilet mit Haut, geschuppt
- 2 EL Speiseöl

- 2 EL Butter
- 2 EL abgetropfte, feine Kapern
- 1 EL TK-Petersilie, gehackt

1 Rucola putzen und die harten Stiele abschneiden. Rucola abspülen und gut trocken tupfen. Essig mit Honig und Senf verrühren, Sonnenblumenöl unterschlagen. Mit Salz und Pfeffer wurzen.

2 Die Zitrone so schälen, dass die weiße Haut vollständig entfernt wird. Die Zitrone filetieren und den Saft dabei auffangen.

3 Zanderfilet kurz unter fließendem kalten Wasser abspülen, trocken tupfen und halbieren. Speiseöl in einer Pfanne erhitzen. Zanderfilets mit der Hautseite nach unten in die Pfanne legen und bei mittlerer Hitze kross braten. Butter hinzufügen und zerlassen. Die Zanderfilets mit einem Pfannenwender umdrehen und weitere etwa 2 Minuten braten. Zanderfilets aus der Pfanne nehmen. Mit Salz und Pfeffer würzen.

4 Aufgefangenen Zitronensaft und Kapern in die heiße, von der Kochstelle genommene Pfanne geben. Zitronenfilets und Petersilie vorsichtig unterschwenken.

5 Die Zitronen-Kapern-Butter auf 2 Tellern verteilen. Jeweils ein Zanderfilet mit der Hautseite nach oben daraufsetzen. Rucola mit dem Dressing marinieren und dazureichen.

Tipps: Die Zanderfilets mit ofenfrischem Baguette zum Stippen servieren. Das Gericht kann auch mit TK-Zanderfilets zubereitet werden. Diese dann vor der Zubereitung auftauen lassen.

Rezeptvariante:

Für **Zander mit Pfannengemüse** (Titelrezept, 2 Portionen) das Zanderfilet wie im Rezept beschrieben braten. Für das Pfannengemüse 300 g gegarte Pellkartoffeln halbieren. 2 Möhren putzen, schälen, abspülen, abtropfen lassen und längs vierteln. 1 Fenchelknolle putzen, abspülen, abtropfen lassen, halbieren und in grobe Streifen schneiden. 1 Knoblauchzehe abziehen und in dünne Scheiben schneiden. 3 Esslöffel Olivenöl in einer Pfanne erhitzen. Die Kartoffelhälften mit Möhrenstiften und Fenchelstreifen darin 8–10 Minuten bei mittlerer Hitze braten, mit Salz und Pfeffer würzen. Zander mit dem Pfannengemüse anrichten, mit Petersilie und Schnittlauchröllchen bestreut servieren.

Zander auf Rahmkraut

4 Portionen | Pro Portion: E: **35** g, F: **55** g, Kh: **9** g, kJ: **3247**, kcal: **776**, BE: **0,5**

Für das Rahmkraut:
2 Zwiebeln
1 süßsaurer Apfel, z. B. Cox Orange
4 Wacholderbeeren
10 Pfefferkörner
2 Lorbeerblätter
50 g Butter
500 g Sauerkraut
500 ml trockener Weißwein

Für die Buttersauce:
1 kleine Zwiebel
80 ml trockener Weißwein
150 ml Gemüse- oder Fischfond
200 g Schlagsahne
100 g eiskalte Butter
Salz
gem. Pfeffer
150 g Crème fraîche
1 Prise Zucker
4 Zandermedaillons mit Haut (je 150–160 g)
2 EL Speiseöl, z. B. Sonnenblumenöl

1 Für das Kraut die Zwiebeln abziehen und fein würfeln. Den Apfel schälen, vierteln und entkernen. Apfelviertel auf einer Haushaltsreibe grob raspeln. Die Wacholderbeeren andrücken, mit den Pfefferkörnern und den Lorbeerblättern in ein Tee-Ei oder -Säckchen geben. Das Tee-Ei bzw. -Säckchen gut verschließen.

2 Die Butter in einem Topf zerlassen. Die Zwiebelwürfel darin glasig dünsten. Dann Apfelraspel, Sauerkraut und Wein hinzugeben. Das Tee-Ei bzw. -Säckchen in die Mitte setzen. Das Sauerkraut zugedeckt bei mittlerer Hitze etwa 30 Minuten garen, dabei zwischendurch umrühren.

3 Für die Buttersauce in der Zwischenzeit die Zwiebel abziehen und fein würfeln. Die Zwiebelwürfel mit dem Weißwein, Fond und der Sahne in einem Topf zum Kochen bringen. Die Sauce auf ein Viertel einkochen lassen, dann mit einem Pürierstab gut pürieren. Die Butter in grobe Würfel schneiden, mit einem Schneebesen in die Sauce rühren, dann mit Salz und Pfeffer abschmecken. Die Buttersauce zugedeckt warm stellen, aber nicht mehr kochen lassen, da sie sonst gerinnt.

4 Das Tee-Ei oder -Säckchen entfernen. Crème fraîche unter das Sauerkraut rühren und ohne Deckel weitere etwa 10 Minuten kochen lassen. Rahmkraut mit Salz, Pfeffer und Zucker abschmecken.

5 Die Zandermedaillons kurz unter fließendem kalten Wasser abspülen, trocken tupfen, mit Salz und Pfeffer würzen.

6 Das Speiseöl in einer Pfanne erhitzen. Die Zandermedaillons darin bei mittlerer Hitze zuerst auf der Hautseite 2–3 Minuten braten, dann auf der Innenseite etwa 1½ Minuten goldgelb braten.

7 Die gebratenen Medaillons mit dem Rahmkraut und der Buttersauce anrichten.

Beilage: Dazu passen Salzkartoffeln.

Forelle blau

4 Portionen | Pro Portion: E: **27** g, F: **8** g, Kh: **1** g, kJ: **776**, kcal: **185**, BE: **0,0**

- 4 küchenfertige Forellen (je etwa 200 g)
- 1 Zwiebel
- 375 ml Weißwein
- 750 ml Salzwasser
- 5 EL Weißweinessig
- 1 Lorbeerblatt
- 5 Pfefferkörner
- 4–5 Wacholderbeeren
- 3–4 Stängel glatte Petersilie
- 1–2 Bio-Zitronen (unbehandelt, ungewachst)
- 1–2 EL Olivenöl

1 Die Forellen innen und außen kurz unter fließendem kalten Wasser abspülen. Dabei darauf achten, dass die äußere Schleimschicht nicht verletzt wird (sonst werden die Forellen nicht blau). Die Forellen mit Küchenpapier trocken tupfen. Zwiebel abziehen und vierteln.

2 Den Weißwein mit Salzwasser, Zwiebelvierteln, Essig, Lorbeerblatt, Pfefferkörnern und Wacholderbeeren in einem großen Topf zum Kochen bringen. Den Sud 2–3 Minuten kochen lassen.

3 Die Forellen in den siedenden Sud geben, alles wieder zum Kochen bringen. Die Forellen zugedeckt bei mittlerer Hitze in 15–20 Minuten in dem Weißweinsud gar ziehen lassen. Sobald sich die Rückenflosse herausziehen lässt, sind die Forellen gar.

4 In der Zwischenzeit die Petersilie abspülen und trocken tupfen. Die Blättchen von den Stängeln zupfen. Die Zitrone bzw. Zitronen heiß abwaschen, abtrocknen und in dünne Scheiben schneiden.

5 Die gegarten Forellen aus dem Sud nehmen, abtropfen lassen und auf Tellern anrichten. Die Forellen mit etwas Olivenöl beträufeln, mit Petersilienblättchen und Zitronenscheiben garniert servieren.

Beilagen: Während die Forellen gar ziehen, haben Sie auch noch Zeit, einen leckeren **Schnittlauchjoghurt** als Beilage zuzubereiten. Dafür 1 Bund Schnittlauch abspülen, trocken tupfen und in feine Röllchen schneiden. 300 g Joghurt (3,5 % Fett) mit den Schnittlauchröllchen verrühren. Schnittlauchjoghurt mit Salz und gemahlenem Pfeffer würzen. Als klassische Beilage bereiten Sie aus 750 g Kartoffeln (Rohgewicht, ungeschält) und 1 Teelöffel Salz Salzkartoffeln zu und bestreuen diese mit etwas Petersilie.

Zubereitungszeit: **30 Minuten** | Garzeit: Graupenrisotto etwa **20 Minuten** | Garzeit: Kabeljauloins etwa **10 Minuten**

Kabeljauloin (Rückenfilet) mit Graupenrisotto und Petersilienöl

4 Portionen | Pro Portion: E: **38** g, F: **27** g, Kh: **21** g, kJ: **2020**, kcal: **483**, BE: **1,5**

- 600 ml Gemüsebrühe
- 2 Schalotten
- 1 Möhre (etwa 80 g)
- 2 Stangen Staudensellerie, (etwa 80 g)
- 3 EL Butter
- 100 g Perlgraupen
- 1 großes Bund glatte Petersilie
- Meersalz
- 200 ml mildes Olivenöl
- 4 Kabeljauloins (je etwa 180 g)
- gem. schwarzer Pfeffer
- 2 EL Olivenöl
- 2 Knoblauchzehen
- 4 Stängel Rosmarin
- 30 g frisch ger. Parmesan

1 Die Gemüsebrühe in einem Topf zum Kochen bringen.

2 Schalotten abziehen und in kleine Würfel schneiden. Möhre putzen, schälen, abspülen, abtropfen lassen und ebenfalls klein würfeln. Staudensellerie putzen, abspülen, abtropfen lassen und in kleine Würfel schneiden.

3 Zwei Esslöffel Butter in einem Topf zerlassen. Schalotten-, Möhren- und Selleriewürfel darin andünsten.

4 Die Graupen in ein Sieb geben, mit kaltem Wasser abspülen, abtropfen lassen, zum angedünsteten Gemüse geben und mitdünsten lassen. Nach und nach die kochende Brühe hinzugeben. Graupenrisotto insgesamt etwa 20 Minuten garen.

5 In der Zwischenzeit Petersilie abspülen und trocken tupfen. Die Blättchen von den Stängeln zupfen. Blättchen grob zerschneiden und in einen hohen Rührbecher geben. 1 gute Prise Salz und das Olivenöl hinzugeben und alles mit einem Pürierstab pürieren.

6 Die Kabeljauloins kurz unter fließendem kalten Wasser abspülen und trocken tupfen. Anschließend mit Salz und Pfeffer würzen.

7 Olivenöl in einer Pfanne erhitzen. Kabeljauloins darin von beiden Seiten anbraten. Knoblauch abziehen und zerdrücken, zusammen mit den abgespülten, trocken getupften Rosmarinstängeln zum Fisch in die Pfanne geben. Restliche Butter hinzugeben. Kabeljauloins in 6–8 Minuten fertig braten.

8 Den Parmesan unter das gegarte Graupenrisotto rühren und nochmals mit den Gewürzen abschmecken.

9 Das Graupenrisotto auf 4 vorgewärmten Tellern verteilen, jeweils 1 Kabeljauloin anlegen und mit etwas Petersilienöl beträufeln.

Gebackener Karpfen

4 Portionen | Pro Portion: E: **73** g, F: **33** g, Kh: **20** g, kJ: **2808**, kcal: **672**, BE: **1,5**

2 Karpfen (je etwa 1 ½ kg, vom Fischhändler ausnehmen und entlang des Rückgrats halbieren lassen)
Salz
gem. Pfeffer

Für den Teig:
100 g Weizenmehl
50 g Weichweizengrieß

Zum Ausbacken:
250 ml Sonnenblumenöl

1 Die Karpfenhälften kurz unter fließendem kalten Wasser abspülen und trocken tupfen. Karpfenhälften mit Salz und Pfeffer bestreuen und etwa 30 Minuten ruhen lassen.

2 Für den Teig das Mehl mit dem Weizengrieß gut vermischen.

3 Zum Ausbacken Sonnenblumenöl in einer großen, tiefen Pfanne auf etwa 175 °C erhitzen, sodass sich um einen in das Fett gehaltenen Holzlöffelstiel Bläschen bilden.

4 Die Karpfenhälften in der Mehl-Grieß-Mischung wenden. Die Karpfen portionsweise und mit dem Kopf zuerst (damit sich die Schwänze nach oben heben) in das siedende Speiseöl geben. Die Karpfen in 10–15 Minuten von beiden Seiten goldbraun backen.

5 Die Karpfen mit einem Schaumlöffel herausnehmen, auf Küchenpapier gut abtropfen lassen und servieren.

Beilage: Dazu schmeckt ein bunter Kartoffelsalat mit Gurken und Radieschen und einem Essig-Öl-Dressing.

Tipp: Die Karpfen mit abgespülten, abgetrockneten Bio-Zitronenscheiben (unbehandelt, ungewachst) servieren. Zu den Karpfen entweder ein kräftiges Schwarzbier oder einen Weißwein trinken.

Zubereitungszeit: **35 Minuten, ohne Auftauzeit** | Dämpfzeit: etwa **10 Minuten**

Tilapiafilets, gedämpft im Wirsingblatt

2 Portionen | Pro Portion: E: **29** g, F: **15** g, Kh: **11** g, kJ: **1227**, kcal: **293**, BE: **1,0**

2 TK-Tilapiafilets (je etwa 160 g)
4 große Wirsingblätter
Salzwasser

2 Scheiben Ananas
(frisch oder abgetropft
aus der Dose)
½ Avocado
1 große Tomate

2 Stängel Minze
1 grüne Chilischote
Salz
gem. Pfeffer

1 Die Tilapiafilets nach Packungsanleitung auftauen.

2 Wirsingblätter abspülen und in kochendem Salzwasser so lange garen, bis sie zusammenfallen. Wirsingblätter in ein Sieb geben, mit eiskaltem Wasser abschrecken und einzeln auf Küchenpapier abtropfen lassen.

3 Ananasscheiben in kleine Würfel schneiden. Das Fruchtfleisch der Avocado mit einem Löffel aus der Schale heben, klein würfeln und vorsichtig mit den Ananaswürfeln mischen.

4 Tomate abspülen, trocken tupfen, vierteln, entkernen und den Stängelansatz herausschneiden. Tomate würfeln und zur Ananas-Avocado-Mischung geben.

5 Minze abspülen und trocken tupfen. Die Blättchen von den Stängeln zupfen. Blättchen in Streifen schneiden. Chilischote abspülen, trocken tupfen, entstielen, längs halbieren, entkernen und die Scheidewände entfernen. Chili klein hacken. Minze und Chili unter die Ananas-Avocado-Tomaten-Mischung heben. Mit Salz und Pfeffer abschmecken.

6 Tilapiafilets kurz unter fließendem kalten Wasser abspülen und trocken tupfen. Die Ananas-Avocado-Tomaten-Mischung auf den Tilapiafilets verteilen. Die Tilapiafilets in jeweils 2 Wirsingblättern einschlagen, mit der Nahtseite nach unten in einen Dämpfeinsatz legen und etwa 10 Minuten dämpfen.

Zubereitungszeit: **30 Minuten** | Garzeit: etwa **5 Minuten** | Überbackzeit: etwa **10 Minuten**

Tilapia mit gelbem Curry und Macadamiakruste

4 Portionen | Pro Portion: E: **29** g, F: **46** g, Kh: **18** g, kJ: **2508**, kcal: **602**, BE: **1,0**

- 1 Bund Frühlingszwiebeln
- 1 kleiner Apfel
- 2 EL Sesamöl
- Salz
- 2 EL gelbe Currypaste, mild
- 400 ml Kokosmilch (aus der Dose)
- 200 ml Gemüsebrühe
- 4 EL Sonnenblumenöl
- 2 EL Semmelbrösel
- 50 g Macadamianusskerne, grob gehackt
- 1 Bund Thai-Basilikum
- gem. Pfeffer
- 4 Tilapiafilets (je etwa 150 g)

1 Die Frühlingszwiebeln putzen, abspülen, abtropfen lassen und in etwa 2 cm lange Stücke schneiden. Den Apfel waschen, vierteln, entkernen und mit der Schale klein würfeln.

2 Sesamöl in einem Topf erhitzen. Die Frühlingszwiebelstücke und Apfelwürfel darin andünsten, mit Salz würzen. Die Currypaste unterrühren und kurz mitdünsten lassen. Kokosmilch und Gemüsebrühe hinzugießen, zum Kochen bringen und etwa 5 Minuten bei schwacher Hitze kochen.

3 Den Backofen vorheizen. Ober-/Unterhitze: etwa 180 °C, Heißluft: nicht empfehlenswert.

4 Sonnenblumenöl mit den Semmelbröseln und Nusskernen zu einer gebundenen Masse verarbeiten. Das Thai-Basilikum abspülen und trocken tupfen. Die Blättchen von den Stängeln zupfen (einige Blättchen zum Garnieren beiseitelegen), Blättchen klein schneiden. Die Semmelbrösel-Nuss-Masse mit Salz, Pfeffer und Thai-Basilikum würzen.

5 Die Currysauce in eine hitzebeständige Form oder Auflaufform geben. Die Tilapiafilets kurz unter fließendem kalten Wasser abspülen und trocken tupfen. Mit Salz und Pfeffer würzen und in die Form auf die Currysauce setzen. Die Semmelbrösel-Nuss-Masse auf den Tilapiafilets verteilen. Die Form auf dem Rost in den vorgeheizten Backofen (untere Schiene) schieben. Tilapia mit der Macadamiakruste **etwa 10 Minuten überbacken**.

6 Tilapia mit gelbem Curry anrichten und mit den beiseitegelegten Basilikumblättchen garnieren.

Beilage: Servieren Sie dazu Basmatireis.

Würziger Fisch unter der Haube

Zubereitungszeit: **40 Minuten, ohne Auftauzeit** | Garzeit: etwa **6 Minuten**

Geschmorte Garnelen

2 Portionen | Pro Portion: E: **41** g, F: **14** g, Kh: **31** g, kJ: **1980**, kcal: **474**, BE: **2,0**

- 16 TK- oder frische Garnelen ohne Kopf, Schale und Darm (etwa 400 g)
- 50 g frischer Ingwer
- 1 Knoblauchzehe
- 4 Frühlingszwiebeln
- 2 kleine Möhren
- 125 g Mini-Maiskolben (erhältlich im Asialaden)
- 2 EL Sonnenblumenöl
- 200 ml Reiswein
- 4 EL süße Sojasauce
- Salz
- 8 Stängel Koriander

1 Die TK-Garnelen nach Packungsanleitung auftauen lassen. Garnelen kurz unter fließendem kalten Wasser abspülen und trocken tupfen.

2 Ingwer schälen und klein würfeln. Knoblauch abziehen und durch eine Knoblauchpresse drücken. Die Frühlingszwiebeln putzen, abspülen, abtropfen lassen und in längliche Stücke schneiden. Möhren putzen, schälen, abspülen, abtropfen lassen und in Scheiben schneiden. Maiskolben abspülen und abtropfen lassen.

3 Sonnenblumenöl in einer Pfanne erhitzen. Ingwerwürfel, Knoblauch, Frühlingszwiebelstücke, Möhrenscheiben und Maiskolben darin unter Rühren andünsten. Garnelen hinzufügen und mitdünsten lassen. Reiswein hinzugießen und zum Kochen bringen.

4 Die Garnelen ohne Deckel so lange kochen lassen, bis die Flüssigkeit verdampft ist. Sojasauce hinzugießen und die Garnelen glasieren. Mit Salz würzen.

5 Koriander abspülen, trocken tupfen und etwas kleiner zupfen. Garnelen mit Koriander garniert servieren.

Beilage: Zu den Garnelen schmecken Duftreis oder Glasnudeln.

Tipp: Anstelle der frischen Maiskolben können Sie auch abgetropfte Mini-Maiskolben aus dem Glas verwenden.

Zubereitungszeit: **40 Minuten, ohne Auftauzeit**

Halber Hummer mit Gemüse und Sauce Hollandaise

4 Portionen | Pro Portion: E: **17** g, F: **84** g, Kh: **5** g, kJ: **3552**, kcal: **850**, BE: **0,5**

- 2 TK-Hummer, gekocht (etwa 600 g)
- Salz
- 2 EL Kümmelsamen
- 1 kleiner Blumenkohl
- 185 g abgetropfte Artischockenböden (aus der Dose)
- 2 Stängel Estragon
- 4 Stängel Kerbel
- 2 EL Olivenöl
- 350 g Butter
- 3 Eigelb (Größe M)
- 1 EL Joghurt (3,5 % Fett)
- gem. Pfeffer
- Cayennepfeffer
- Zitronensaft

1 Hummer nach Packungsanleitung auftauen lassen. In einem großen Topf Wasser mit Salz und Kümmel aufkochen. Den Topf von der Kochstelle nehmen.

2 Von dem Blumenkohl die Blätter und schlechten Stellen entfernen. Den Strunk abschneiden. Blumenkohl in kleine Röschen teilen, abspülen und abtropfen lassen. Artischockenböden vierteln.

3 Hummer in das nicht mehr kochende Wasser geben (das Hummerfleisch wird sonst hart) und in etwa 20 Minuten warm werden lassen.

4 In der Zwischenzeit Estragon und Kerbel abspülen und trocken tupfen. Die Blättchen von den Stängeln zupfen. Die Blättchen klein schneiden.

5 Olivenöl in einem Topf erhitzen. Die Blumenkohlröschen darin bei mittlerer Hitze langsam braten. Mit Salz würzen.

6 Butter in einem kleinen Topf aufkochen lassen. Eigelb mit Joghurt verrühren. Mit Salz, Pfeffer, einer Messerspitze Cayennepfeffer und etwas Zitronensaft würzen. Nach und nach mit einem Pürierstab die noch kochende Butter unterarbeiten, sodass eine glatte, homogene Sauce entsteht. Die Kräuter unterrühren. Die Sauce im Wasserbad warm halten.

7 Die Artischockenböden zu den Blumenkohlröschen geben und etwa 3 Minuten mitbraten lassen. Mit Salz und Pfeffer abschmecken.

8 Den Hummer mit einer Schaumkelle aus dem Salzwasser nehmen und der Länge nach halbieren. Die Scheren anschlagen. Hummer mit dem Blumenkohl-Artischocken-Gemüse und der Sauce servieren.

Wichtig: Die fertige Sauce darf nicht mehr kochen, sonst gerinnt sie.

Aus dem Ofen

Bloß nicht die Klappe aufmachen! Zumindest so lange, bis Red Snapper, Meeräsche, Wolfsbarsch, Steinbutt oder Seeteufel wunderbar zart aus dem Ofen kommen. Ein einzigartiges Geschmackserlebnis – besonders aromatisch mit Kräuter-, Salz- oder Macadamiakruste.

Saibling in Mandelbutter

4 Portionen | Pro Portion: E: **50** g, F: **44** g, Kh: **13** g, kJ: **2734**, kcal: **652**, BE: **1,0**

4 küchenfertige Saiblinge
(je etwa 300 g)
Salz
gem. Pfeffer
4 EL Speiseöl
etwas Weizenmehl

Für den Salat:
1 Kopfsalat
1 Bund Radieschen
250 g Joghurt (3,5 % Fett)
1 EL Zucker
Zitronensaft

4 EL Butter
100 g gehobelte Mandeln

einige Bio-Zitronenspalten
(unbehandelt, ungewachst)

1 Die Saiblinge innen und außen kurz unter fließendem kalten Wasser abspülen und trocken tupfen. Saiblinge innen und außen mit Salz und Pfeffer würzen.

2 Den Backofen vorheizen. Ober-/Unterhitze: etwa 180 °C, Heißluft: etwa 160 °C.

3 Speiseöl in einer hitzebeständigen Pfanne erhitzen. Saiblinge in Mehl wenden, überschüssiges Mehl abklopfen. Saiblinge in die Pfanne geben und von beiden Seiten braun anbraten. Die Pfanne auf dem Rost in den vorgeheizten Backofen schieben. Die Saiblinge **15–18 Minuten garen.** Die Saiblinge sind gar, wenn Sie jeweils an der Rückenflosse ziehen und diese sich leicht löst.

4 In der Zwischenzeit für den Salat von dem Kopfsalat die äußeren welken Blätter entfernen. Den Salat abspülen, trocken tupfen oder trocken schleudern und in Stücke zupfen. Radieschen putzen, abspülen, abtropfen lassen und in schmale Stifte schneiden.

5 Joghurt mit Zucker und einem guten Spritzer Zitronensaft glatt rühren.

6 Butter in einer Pfanne zerlassen. Mandeln darin unter Rühren goldbraun rösten.

7 Die gegarten Saiblinge aus der Pfanne nehmen, auf einer Platte anrichten und mit der Mandelbutter übergießen. Kopfsalat mit Radieschenscheiben in einer Schüssel mischen. Joghurtdressing unterheben. Die Saiblinge mit dem Kopfsalat anrichten, mit Zitronenspalten garnieren und sofort servieren.

Gedünsteter Steinbutt
mit Kräuter-Senf-Butter

2 Portionen | Pro Portion: E: **35** g, F: **56** g, Kh: **13** g, kJ: **3003**, kcal: **718**, BE: **1,0**

- 2 TK-Steinbuttfilets (je etwa 180 g)
- etwa 400 g Steckrübe oder Knollensellerie
- 1 TL gekörnte Gemüsebrühe
- Salz
- gem., schwarzer Pfeffer

- 1 kleine rote Zwiebel
- 1 EL Butter für die Form
- 50 ml trockener Weißwein

Für die Kräuter-Senf-Butter:
- 100 g Butter
- 2 EL körniger Senf
- 1 EL Schnittlauchröllchen
- 1 EL klein geschnittener Dill
- 1 EL klein geschnittene Petersilie

1 Steinbuttfilets nach Packungsanleitung auftauen lassen.

2 Den Backofen vorheizen. Ober-/Unterhitze: etwa 180 °C, Heißluft: etwa 160 °C.

3 Steckrübe oder Knollensellerie putzen, schälen, abspülen, abtropfen lassen, grob würfeln und in einen Topf geben. So viel Wasser hinzugießen, dass die Steckrüben- oder Selleriewürfel knapp bedeckt sind. Mit Gemüsebrühe, 1 Prise Salz und Pfeffer würzen. Steckrüben- oder Selleriewürfel zum Kochen bringen, zugedeckt so lange kochen lassen, bis sie richtig weich sind.

4 Zwiebel abziehen und in kleine Würfel schneiden. Zwiebelwürfel in einer feuerfesten Form oder in einer Auflaufform (mit Butter gefettet) verteilen.

5 Steinbuttfilets kurz unter fließendem kalten Wasser abspülen und trocken tupfen. Dann von beiden Seiten mit Salz und Pfeffer würzen und in die Form legen. Wein hinzugießen. Die Form auf dem Rost in den vorgeheizten Backofen schieben. Die Steinbuttfilets **10–12 Minuten garen** (je nach Stärke der Filets).

6 Für die Kräuter-Senf-Butter Butter in einem kleinen Topf zerlassen. Steckrüben- oder Selleriewürfel abgießen und mit einem Kartoffelstampfer zerdrücken. Mit Salz, viel schwarzem Pfeffer und 1 Esslöffel der zerlassenen Butter abschmecken.

7 Senf mit Schnittlauchröllchen, Dill und Petersilie verrühren und unter die restliche zerlassene Butter rühren. Steinbuttfilets mit dem Steckrüben- oder Selleriemus und der Kräuter-Senf-Butter anrichten.

Tipp: Wenn Sie die Butter leicht bräunen, erhält sie einen nussigen Geschmack.

Zubereitungszeit: **50 Minuten, ohne Abkühlzeit** | Garzeit: etwa **15 Minuten**

Hamburger Pfannfisch

4 Portionen | Pro Portion: E: **28** g, F: **61** g, Kh: **20** g, kJ: **3138**, kcal: **750**, BE: **1,5**

500 g gleich große Kartoffeln
150 g Butter
500 g gemischte Fischfilets, z. B. Schellfisch, Scholle und Kabeljau (ohne Haut und Gräten)
4 Schalotten
2 TL mittelscharfer Senf

250 g junger Wirsing
Salzwasser
Salz, gem. Pfeffer

Für die Senfsauce:
2 Schalotten
1 EL Sonnenblumenöl
100 ml Fisch- oder Gemüsefond
100 g Schlagsahne
2 EL mittelscharfer Senf
80 g kalte Butter
1 Prise Chilipulver

einige vorbereitete Dillspitzen

1 Kartoffeln schälen, abspülen und trocken tupfen. Kartoffeln in etwa ½ cm dicke Scheiben schneiden.

2 50 g Butter in einer Pfanne zerlassen. Kartoffelscheiben darin unter mehrmaligem Wenden anbraten.

3 Den Backofen vorheizen. Ober-/Unterhitze: etwa 200 °C, Heißluft: etwa 180 °C.

4 Fischfilets kurz unter fließendem kalten Wasser abspülen, trocken tupfen und in etwa 2 cm dicke Scheiben schneiden.

5 Schalotten abziehen, zuerst in Scheiben schneiden, dann in Ringe teilen. 50 g der restlichen Butter in einer zweiten Pfanne zerlassen. Die Schalottenringe darin glasig dünsten, abkühlen lassen und mit Senf verrühren.

6 Wirsing putzen, abspülen, abtropfen lassen und den Strunk entfernen. Wirsing in feine Streifen schneiden. Die Wirsingstreifen in kochendem Salzwasser etwa 2 Minuten blanchieren, mit eiskaltem Wasser abschrecken und in einem Sieb abtropfen lassen.

7 Ein Drittel der Kartoffelscheiben kreisförmig in eine Springform (Ø 24 cm, gefettet, evtl. außen einen Streifen Alufolie darumlegen) legen, mit Salz und Pfeffer würzen.

8 Die Hälfte der Wirsingstreifen daraufgeben und die Hälfte der Fischfiletscheiben darauf verteilen, mit Salz und Pfeffer würzen. Die Hälfte der Schalotten-Senf-Masse daraufstreichen.

9 Den Vorgang wiederholen und mit den restlichen Kartoffelscheiben abschließen. Die Kartoffelscheiben mit Salz und Pfeffer würzen. Restliche Butter zerlassen, abkühlen lassen und darauf träufeln.

10 Die Form auf dem Rost in den vorgeheizten Backofen schieben. Den Hamburger Pfannfisch **etwa 15 Minuten garen.**

11 Die Form auf einen Rost stellen. Den Pfannfisch etwas abkühlen lassen.

12 Für die Senfsauce die Schalotten abziehen und fein würfeln. Öl in einem Topf erhitzen, die Schalottenwürfel darin glasig dünsten.

13 Fond und Sahne hinzugießen und den Senf unterrühren. Die Sauce erhitzen.

14 Butter in grobe Würfel schneiden, in die Sauce mixen, mit Salz, Pfeffer und Chili abschmecken. Den Topf von der Kochstelle nehmen, die Sauce warm halten.

15 Den Springformrand lösen und entfernen. Den Pfannfisch auf einer vorgewärmten Platte anrichten und mit Dillspitzen garniert servieren. Die Sauce dazureichen.

Pikante Garnelen aus dem Ofen

2 Portionen | Pro Portion: E: **39** g, F: **16** g, Kh: **8** g, kJ: **1403**, kcal: **335**, BE: **0,5**

16 Riesengarnelen (TK- oder frisch)
2 Knoblauchzehen
1 rote Zwiebel
10 Cocktailtomaten (etwa 250 g)

4 Stängel Thymian
2 Stängel Petersilie
1–2 getrocknete Chilischoten

etwas Meersalz
1 TL grob gem. schwarzer Pfeffer
2–3 EL Olivenöl

1 Den Backofen vorheizen. Ober-/Unterhitze: etwa 200 °C, Heißluft: etwa 180 °C.

2 TK-Garnelen nach Packungsanleitung auftauen lassen. Die Garnelen kurz unter fließendem kalten Wasser abspülen und trocken tupfen, evtl. den Darm entfernen.

3 Knoblauch mit der flachen Hand aufdrücken. Zwiebel abziehen, zuerst in dünne Scheiben schneiden, dann in Ringe teilen. Tomaten abspülen, abtrocknen, halbieren und evtl. die Stängelansätze herausschneiden.

4 Thymian und Petersilie abspülen und trocken tupfen. Die Blättchen von den Stängeln zupfen. Petersilienblättchen klein schneiden.

5 Garnelen in eine Schüssel geben. Knoblauchzehen mit der Schale sowie Zwiebelringe, Thymianblättchen, Petersilie und Tomatenhälften untermischen. Chilischote darauf zerbröseln, mit Salz und Pfeffer kräftig würzen. Das Olivenöl unterheben.

6 Die Garnelenmischung in eine Auflaufform (evtl. leicht gefettet) geben. Die Form auf dem Rost in den vorgeheizten Backofen schieben. Die Garnelen **etwa 15 Minuten garen.**

7 Die Garnelen während der Garzeit einmal umrühren und mit dem entstandenen Fischfond begießen.

8 Die Garnelen aus dem Backofen nehmen und in der Form sofort servieren.

Beilage: Reichen Sie dazu ofenfrisches Baguette.

Tipps: Die Garnelen nach Möglichkeit bei Heißluft garen. Die Ofengarnelen schmecken übrigens auch kalt sehr lecker und eignen sich wunderbar für ein kaltes Buffet. Lassen Sie dafür die Garnelen gut abtropfen und servieren Sie sie ohne den Fischfond.

Jakobsmuschelgratin

4 Portionen | Pro Portion: E: **14** g, F: **21** g, Kh: **7** g, kJ: **1180**, kcal: **282**, BE: **0,5**

- 12 vorbereitete, große Jakobsmuschelkerne mit Rogen
- 500 g junger Blattspinat
- 2 Schalotten
- 2 EL Olivenöl
- Salz, gem. Pfeffer
- 1 Knoblauchzehe
- 80 g Butter (zimmerwarm)
- ½ Bund Kerbel
- ½ Bund Schnittlauch
- ½ Bund Dill
- 30 g frisch ger. Parmesan
- 1 Bio-Zitrone (unbehandelt, ungewachst)
- Cayennepfeffer
- 1 große Tomate

1 Die Jakobsmuschelkerne mit Küchenpapier trocken tupfen. Den Spinat verlesen und die dicken Stiele abschneiden. Spinat gründlich waschen und trocken schleudern oder gut trocken tupfen.

2 Die Schalotten abziehen und klein würfeln. Olivenöl in einem Topf erhitzen. Die Schalottenwürfel darin andünsten. Den Spinat hinzugeben und kurz zusammenfallen lassen. Mit Salz und Pfeffer würzen. Die Spinatmasse in einem Sieb abtropfen lassen.

3 Den Backofen vorheizen. Ober-/Unterhitze: etwa 240 °C, Heißluft: nicht empfehlenswert!

4 Knoblauch abziehen und durch eine Knoblauchpresse drücken. Den Knoblauch unter die Butter mengen. Die Kräuter abspülen und trocken tupfen. Die Blättchen bzw. Spitzen von den Stängeln zupfen. Kerbel, Dill und Schnittlauch getrennt voneinander klein schneiden. Die Kräuter mit dem Parmesan zur Butter geben und gut unterarbeiten.

5 Zitrone heiß abwaschen, abtrocknen und die Schale abreiben. Zitrone halbieren und den Saft auspressen. Die Kräuterbutter mit Salz, Pfeffer, Cayennepfeffer, Zitronenschale und -saft abschmecken.

6 Die Tomate abspülen, trocken tupfen, halbieren und den Stängelansatz herausschneiden. Tomate in Würfel schneiden.

7 Den Spinat in 4 hitzebeständige Förmchen verteilen. Jeweils 3 mit Salz und Pfeffer gewürzte Jakobsmuschelkerne daraufsetzen. Kräuterbutter auf den Muscheln verteilen und mit Tomatenwürfeln bestreuen.

8 Die Förmchen auf dem Rost in den vorgeheizten Backofen schieben. Das Jakobsmuschelgratin **6–8 Minuten gratinieren.**

Zubereitungszeit: **40 Minuten** | Garzeit: etwa **25 Minuten**

Meeräsche
in der Salzkruste

2 Portionen | Pro Portion: E: **54** g, F: **36** g, Kh: **5** g, kJ: **2335**, kcal: **559**, BE: **0,5**

1 küchenfertige Meeräsche, (ungeschuppt, etwa 700 g)
2 Stängel Rosmarin
2 Knoblauchzehen
1 Bio-Zitrone (unbehandelt, ungewachst)

1 ½ kg grobes Meersalz
etwa 50 ml Wasser
1 Eiweiß (Größe M)
1 kleine Zucchini
175 g abgetropfte Artischockenherzen in Öl (aus dem Glas)

4 Stängel Thymian
Salz
gem. Pfeffer

1 Den Backofen vorheizen. Ober-/Unterhitze: etwa 180 °C, Heißluft: etwa 160 °C.

2 Meeräsche innen und außen kurz unter fließendem kalten Wasser abspülen und trocken tupfen. Rosmarin abspülen, trocken tupfen und in Stücke schneiden. Knoblauch ungeschält grob zerschneiden. Zitrone heiß abwaschen, abtrocknen und die Schale mit einem Sparschäler abschälen.

3 Rosmarin, Knoblauch und Zitronenschale in die Bauchhöhle der Meeräsche füllen.

4 Salz mit Wasser und Eiweiß zu einem Teig verrühren. Den Boden einer feuerfesten Form oder eines Backblechs mit ⅓ des Salzteiges belegen. Die gefüllte Meeräsche darauflegen und mit dem restlichen Salzteig so belegen, dass der Fisch komplett verhüllt ist.

5 Die Form auf dem Rost oder das Backblech in den vorgeheizten Backofen schieben. Die Meeräsche **etwa 25 Minuten garen.**

6 Zucchini abspülen, abtrocknen und die Enden abschneiden. Zucchini in etwa ½ cm dicke Scheiben schneiden. Von den Artischockenherzen das Öl auffangen. Die Artischockenherzen halbieren. Thymian abspülen und trocken tupfen. Die Blättchen von den Stängeln zupfen.

7 2 Esslöffel des aufgefangenen Öls in einer Pfanne erhitzen. Zucchinischeiben darin von beiden Seiten braten. Artischockenherzen und Thymianblättchen hinzufügen, etwa 2 Minuten mitbraten lassen. Mit Salz und Pfeffer würzen.

8 Zum Servieren die Salzkruste aufschlagen und vorsichtig vom Fisch lösen. Meeräsche mit dem Artischocken-Zucchini-Gemüse anrichten und servieren.

Tipp: Für Fische in der Salzkruste nur ungeschuppte Fische verwenden. Die Schuppen schützen das Fischfleisch vor dem Salz.

Zubereitungszeit: **45 Minuten** | Garzeit: etwa **25 Minuten**

Red Snapper
unter der Macadamiakruste

2 Portionen | Pro Portion: E: **56** g, F: **79** g, Kh: **8** g, kJ: **4087**, kcal: **980**, BE: **0,0**

1 küchenfertiger Red Snapper (etwa 700 g, geschuppt)
Salz
gem. Pfeffer
1 große Tomate
4 Frühlingszwiebeln
4 Stängel Petersilie
3 EL Olivenöl

Für die Makadamianusskruste:
60 g Macadamianusskerne (ungesalzen)
2 Stängel Minze
50 g Butter (zimmerwarm)

Für die Kokossauce:
200 ml Fischfond
200 ml Kokosmilch

1 Red Snapper innen und außen kurz unter fließendem kalten Wasser abspülen und trocken tupfen. Red Snapper an den dickeren Stellen mit einem Messer einschneiden und innen und außen mit Salz und Pfeffer würzen.

2 Den Backofen vorheizen. Ober-/Unterhitze: etwa 200 °C, Heißluft: etwa 180 °C.

3 Tomate abspülen, trocken tupfen, vierteln, entkernen und den Stängelansatz herausschneiden. Tomate in Stücke schneiden. Die Frühlingszwiebeln putzen, abspülen, abtropfen lassen und schräg in etwa 2 cm lange Stücke schneiden. Petersilie abspülen und trocken tupfen. Die Blättchen von den Stängeln zupfen. Blättchen klein schneiden.

4 Tomaten- mit Frühlingszwiebelstücken, Petersilie und Olivenöl mischen, in eine große, ovale Auflaufform geben. Den Red Snapper darauflegen.

5 Für die Nusskruste Macadamianusskerne grob mahlen oder mit einem Messer in kleine Stücke schneiden. Minze abspülen und trocken tupfen. Die Blättchen von den Stängeln zupfen. Blättchen klein schneiden. Butter in eine Schüssel geben. Gemahlene oder gehackte Nusskerne und Minze hinzugeben, zu einer Masse verrühren. Mit Salz und Pfeffer würzen.

6 Die Nussmasse auf dem Red Snapper gleichmäßig verteilen. Die Hälfte des Fischfonds hinzugießen. Die Form auf dem Rost in den vorgeheizten Backofen (untere Schiene) schieben. Red Snapper **etwa 25 Minuten garen.**

7 Für die Kokossauce in der Zwischenzeit Kokosmilch mit dem restlichen Fischfond in einem breiten Topf zum Kochen bringen.

8 Den gegarten Red Snapper aus der Form nehmen und auf eine vorgewärmte Platte legen. Den Schmorfond durch ein feines Sieb passieren und unter die Kokossauce rühren. Red Snapper mit der Kokossauce sofort servieren.

Beilage: Servieren Sie dazu feine Butterbohnen.

Zubereitungszeit: **30 Minuten** | Garzeit: Tomaten etwa **10 Minuten**

Seeteufel mit Tomaten und Oliven

2 Portionen | Pro Portion: E: **33** g, F: **13** g, Kh: **5** g, kJ: **1122**, kcal: **267**, BE: **0,0**

6 Seeteufelmedaillons (je etwa 70 g)
2 EL Olivenöl
1 EL Butter

Meersalz
gem. schwarzer Pfeffer
1 Knoblauchzehe
12 abgetropfte, rotbraune Oliven
1 EL Kräuter der Provence

2 Rispen Cocktailtomaten
etwas Olivenöl zum Bestreichen

1 Seeteufelmedaillons kurz unter fließendem kalten Wasser abspülen und trocken tupfen. Olivenöl in einer Pfanne erhitzen. Die Medaillons darin von beiden Seiten scharf anbraten. Wenn sie anfangen braun zu werden, Butter hinzufügen. Medaillons umdrehen und weitere etwa 3 Minuten braten.

2 Den Backofen vorheizen. Ober-/Unterhitze: etwa 200 °C, Heißluft: etwa 180 °C.

3 Medaillons aus der Pfanne nehmen, mit Meersalz und Pfeffer würzen, auf einen vorgewärmten Teller legen und warm stellen.

4 Die ungeschälte Knoblauchzehe mit der flachen Hand aufschlagen. Oliven, Kräuter der Provence und den Knoblauch mit der Schale in die heiße Pfanne geben. Zutaten unter mehrmaligem Schwenken erwärmen, warm stellen.

5 Die Cocktailtomaten (mit Rispe) vorsichtig abspülen, trocken tupfen und mit Olivenöl bestreichen. Tomatenrispen auf ein Backblech (mit Backpapier belegt) legen. Das Backblech in den vorgeheizten Backofen schieben. Die Cocktailtomaten **etwa 10 Minuten rösten.** Die Cocktailtomaten so lange rösten, bis die Haut aufplatzt. Cocktailtomaten mit Meersalz und Pfeffer würzen.

6 Je 3 Medaillons auf einen Teller legen. Die Oliven darum anrichten. Je eine Cocktailtomatenripse auf oder an die Medaillons legen. Sofort servieren.

Tipp: Den Seeteufel mit Landbrot und gutem Olivenöl servieren.

Zubereitungszeit: **25 Minuten** | Garzeit: etwa **12 Minuten**

Viktoriabarsch unter der Kräuterkruste

4 Portionen | Pro Portion: E: **45** g, F: **26** g, Kh: **23** g, kJ: **2153**, kcal: **514**, BE: **2,0**

4 Viktoriabarschfilets
(je etwa 200 g)
Salz
gem. Pfeffer

2 EL Dijonsenf

je 1 Bund Schnittlauch, Dill, Kerbel
8 EL Semmelbrösel

4 EL Olivenöl
2 EL Butter

1 Den Backofen vorheizen. Ober-/Unterhitze: etwa 200 °C, Heißluft: etwa 180 °C.

2 Fischfilets kurz unter fließendem kalten Wasser abspülen, trocken tupfen, mit Salz und Pfeffer würzen. Die Fischfilets auf ein Backblech (gefettet) legen und die Oberfläche gleichmäßig mit dem Senf bestreichen.

3 Schnittlauch abspülen, trocken tupfen und in Röllchen schneiden. Dill und Kerbel abspülen, trocken tupfen. Die Spitzen bzw. Blättchen von den Stängeln zupfen. Dillspitzen und Kerbelblättchen getrennt klein schneiden.

4 Semmelbrösel mit Olivenöl zu einer zähflüssigen Paste verrühren. Schnittlauchröllchen, Dill und Kerbel unterrühren. Mit Salz und Pfeffer würzen.

5 Die Kräuterpaste mit einem Esslöffel gleichmäßig auf den Fischfilets verteilen. Die Butter in Flöckchen daraufsetzen. Das Backblech in den vorgeheizten Backofen schieben. Die Fischfilets **etwa 12 Minuten (je nach Dicke der Fischfilets) überbacken.**

6 Falls die Kräuterkruste zu schnell dunkel werden sollte, die Fischfilets mit Alufolie zudecken.

Beilage: Bohnengemüse und Tomatenbutter. Für das Bohnengemüse 400 g Schneidebohnen putzen und die Enden abschneiden, evtl. abfädeln. Schneidebohnen abspülen, abtropfen lassen und in Rauten schneiden. Bohnen in kochendem Salzwasser gar kochen, abgießen, mit kaltem Wasser abschrecken und in einem Sieb abtropfen lassen. 2 Esslöffel Butter in einem Topf zerlassen, Bohnen hinzufügen, mit Salz und Pfeffer würzen. Für die Tomatenbutter 1 kleine Zwiebel abziehen, klein würfeln. 1 Esslöffel Olivenöl in einem kleinen Topf erhitzen, Zwiebelwürfel darin andünsten. 500 ml Tomatensaft (Tetrapak) hinzugießen, zum Kochen bringen und bei schwacher Hitze etwa 10 Minuten kochen lassen. Mit Salz, Pfeffer und Zucker würzen. 2 Esslöffel Butter hinzufügen und mit einem Pürierstab unterarbeiten. Die Tomatenbutter auf 4 Tellern verteilen. Die Bohnen darauflegen. Die Viktoriabarschfilets darauf anrichten.

Wolfsbarschfilet
mit Chorizo und Bohnen

2 Portionen | Pro Portion: E: **76** g, F: **61** g, Kh: **29** g, kJ: **4222**, kcal: **1009**, BE: **2,5**

500 g Wolfsbarschfilet
Salz
gem. Pfeffer
2 EL Semmelbrösel
1 EL Butter

½ weiche Chorizo (spanische Paprikawurst, etwa 200 g)
185 g abgetropfte, weiße Riesenbohnen (aus der Dose)
20 abgetropfte Oliven
100 ml trockener Weißwein

6 Stängel Thymian

1 Den Backofen vorheizen. Ober-/Unterhitze: etwa 200 °C, Heißluft: etwa 180 °C.

2 Wolfsbarschfilet kurz unter fließendem kalten Wasser abspülen, trocken tupfen, mit Salz und Pfeffer würzen. Wolfsbarschfilet in eine große Auflaufform (gefettet) legen. Mit Semmelbröseln bestreuen. Butter in Flöckchen darauf verteilen.

3 Die Haut der Paprikawurst mit einem kleinen Messer abziehen. Paprikawurst in etwa ½ cm dicke Scheiben schneiden.

4 Wurstscheiben, Bohnen und Oliven mischen und zu dem Wolfsbarschfilet in die Auflaufform geben. Den Wein vorsichtig hinzugießen.

5 Thymian abspülen, trocken tupfen und auf das Wolfsbarschfilet legen. Die Form auf dem Rost in den vorgeheizten Backofen schieben. Wolfsbarschfilet mit Chorizo und Bohnen **etwa 15 Minuten garen.**

Beilage: Dazu passt gut ein mit Zimt und Gewürzen zubereiteter Reis.

80-Grad-Lachs

4–6 Personen Pro Portion: E: **29** g, F: **24** g, Kh: **1** g, kJ: **1416**, kcal: **338**, BE: **0,0**

- 1 Seite Lachsfilet auf der Haut, grätenfrei (etwa 800 g)
- 3 EL Meersalz
- 3 EL gestoßener schwarzer Pfeffer
- 6 Stängel Basilikum
- 2 Bio-Zitronen (unbehandelt, ungewachst)
- 4 EL kalt gepresstes Olivenöl

1 Den Backofen bei Ober-/Unterhitze auf 80 °C vorheizen. Das Backblech in den Backofen schieben und **miterwärmen.** Lachsfilet kurz unter fließendem kalten Wasser abspülen und trocken tupfen.

2 Die Lachsseite mit der Haut nach unten auf das warme Backblech (leicht gefettet) legen. Lachsfilet mit Salz und Pfeffer würzen. Basilikum abspülen und trocken tupfen. Die Blättchen von den Stängeln zupfen. Die Hälfte der Blättchen grob zerkleinern und auf dem Lachsfilet verteilen.

3 Das Backblech wieder in den warmen Backofen schieben. Das Lachsfilet **etwa 40 Minuten garen.**

4 Zitronen heiß abwaschen, abtrocknen und die Schale mit einer Reibe fein abreiben. Zitronen halbieren und den Saft auspressen. Restliche Basilikumblättchen grob zerschneiden.

5 Mithilfe einer Gabel prüfen, ob das Lachsfilet gar ist. Es sollte gar, aber noch sehr saftig sein.

6 Das gegarte Lachsfilet mit der Gabel von der Haut nehmen und auf einer flachen Platte anrichten. Lachsfilet mit Basilikum, Zitronenschale, Olivenöl und etwas Zitronensaft marinieren.

Beilage: Servieren Sie das Lachsfilet mit neuen Kartoffeln und grünem Salat.

Tipps: Das Lachsfilet schmeckt am besten, wenn es gerade aus dem Backofen kommt. Sie können auch TK-Lachsfilet verwenden. Lassen Sie das Lachsfilet dann vor der Zubereitung auftauen.

Wolfsbarsch mit Pfifferlingen

4 Portionen | Pro Portion: E: **53** g, F: **26** g, Kh: **16** g, kJ: **2123**, kcal: **511**, BE: **1,5**

200 g TK-Dicke Bohnenkerne
2 Schalotten
1 EL Butter für die Form

800 g Wolfsbarschfilet mit Haut, geschuppt
Salz
gem. Pfeffer
100 ml trockener Weißwein

400 g frische Pfifferlinge
1 kleine Zwiebel
1 EL Butter
250 g Crème fraîche
1 Bund Kerbel

1 Bohnen nach Packungsanleitung auftauen lassen.

2 Den Backofen vorheizen. Ober-/Unterhitze: etwa 220 °C, Heißluft: etwa 200 °C.

3 Schalotten abziehen, zuerst in Scheiben schneiden, dann in Ringe teilen. Die Schalottenringe in einer Auflaufform (mit Butter gefettet) verteilen.

4 Wolfsbarschfilet kurz unter fließendem kalten Wasser abspülen, trocken tupfen und in 4 gleich große Stücke schneiden. Wolfsbarschstücke von beiden Seiten mit Salz und Pfeffer würzen, nebeneinander in die Auflaufform legen, Weißwein hinzugießen. Die Form auf dem Rost in den vorgeheizten Backofen schieben. Den Wolfsbarsch **etwa 10 Minuten garen.**

5 In der Zwischenzeit die Pfifferlinge putzen, evtl. kurz abspülen und gut trocken tupfen. Aufgetaute Bohnenkerne in ein Sieb geben und mit heißem Wasser abspülen. Die dicke weiße Haut der Bohnen entfernen.

6 Zwiebel abziehen und in kleine Würfel schneiden. Butter in einer Pfanne zerlassen. Zwiebelwürfel darin glasig dünsten. Pfifferlinge hinzufügen und mit andünsten. Mit Salz und Pfeffer würzen, Crème fraîche unterrühren. Die Pfifferlinge unter vorsichtigem Rühren aufkochen lassen. Bohnenkerne hinzugeben und miterwärmen.

7 Kerbel abspülen und trocken tupfen. Die Blättchen von den Stängeln zupfen. Blättchen klein schneiden. Kerbel zum Ragout geben und unterheben. Mit Salz und Pfeffer abschmecken.

8 Die Wolfsbarschfilets auf dem Ragout anrichten.

Beilage: Dazu schmecken kleine gegarte, in Butter geschwenkte Kartoffeln.

Wolfbarsch rustikal in Wein gegart

Ratgeber

Es gibt eine Riesenauswahl an Fischen – frisch aus dem Meer, lebend aus Flüssen oder tiefgekühlt aus dem Supermarkt.

In der Fischtheke hält sich Fisch/Fischfilet am besten in schmelzendem Eis (zwischen 0 und 2 °C). Am häufigsten im Handel erhältlich sind:
Seefische: Rotbarsch, Schellfisch, Kabeljau, Stein-, Heilbutt, Scholle, Seelachs, Seezunge, Atlantikzunge (Rotzunge), Tunfisch, Lachs, Makrele, Hering, Dorade, Wolfsbarsch (Loup de mer), Seeteufel, Rote Meerbarbe, Sardinen, Seehecht, Red Snapper.
Süßwasserfische: Aal, Hecht, Regenbogenforelle, Lachsforelle, Karpfen, Felchen, Zander, Schleie, Wels, Seesaibling, Äsche, Viktoria-Seebarsch, Pangasius, Tilapia.
Meeresfrüchte: Hummer, Krabben und Garnelen; Krebse, Langusten, Muscheln und Austern, Tintenfische, Kalmare und Oktopus.

Frische Fische richtig kaufen

Vertrauen ist gut – Kontrolle ist besser. Darauf sollten Sie beim Kauf achten:
Ganze Fische:
- klare, pralle Augen mit nach außen gewölbten Linsen
- leuchtend rote Kiemen
- kräftig glänzende Haut, mit klarem Schleim überzogen
- feste Schuppen
- frischer Geruch (bei Seefisch nach Salzwasser oder Seetang)

Zerlegter Fisch:
- glatte, glänzende Fischstücke
- frischer Geruch.

Frische Fische richtig aufbewahren

Kein Risiko eingehen: Durch den hohen Anteil an Eiweiß verdirbt Fischfleisch schnell. Bewahren Sie deshalb frischen Fisch zugedeckt im Kühlschrank auf. Am besten geeignet ist eine Glas- oder Porzellanschüssel, auf deren Boden Sie eine umgedrehte Untertasse legen, damit austretende Flüssigkeit ablaufen kann. Den Fisch möglichst noch am selben Tag zubereiten.

Frische Fische richtig vorbereiten

Warum nicht mal einen ganzen, nicht ausgenommenen Fisch verarbeiten? Das ist gar nicht so schwer – hier die wichtigsten Schritte.
Putzen: Zunächst den Fisch waschen, den Bauch längs aufschlitzen und sauber ausnehmen.
Schuppen: Den Fisch am Schwanzende festhalten. Mit einem flachen breiten Messer oder einem Fischschupper die Schuppen in Richtung Kopf am besten unter fließendem Wasser abschaben.
Häuten: Die Haut an der Schwanzflosse mit einem scharfen Messer einschneiden. Die Schwanzflosse mit einem

Tuch festhalten und die Haut mit einem Ruck in Richtung Kopf abziehen. Fisch umdrehen und auf der Rückseite ebenso verfahren. Schwanz- und Rückenflosse mit einer Schere abschneiden, den Kopf mit einem Messer.
Filetieren (z. B. Plattfische): Den gehäuteten Fisch mit einem scharfen Messer an der Hauptgräte entlang vom Kopf bis zum Schwanz einschneiden. Das Messer flach ansetzen und das obere und untere Filet vorsichtig von den Gräten trennen. Fisch umdrehen und die beiden Filets der Rückseite ebenso ablösen.
Säubern: Ganzen Fisch von innen und außen oder das Fischfilet unter fließendem kalten Wasser abspülen und trocken tupfen.

Salzen: Wichtig für einen guten Geschmack: Fisch erst unmittelbar vor dem Garen salzen, er zieht sonst Wasser, wird fad und trocken.

Tiefgekühlt – aber sicher

Sie haben die Wahl zwischen frischen und tiefgekühlten Fischen. So kann man Tintenfische und seine vielarmigen Verwandten bei guten Fischhändlern bereits küchenfertig kaufen. Größtenteils sind sie aber tiefgekühlt im Handel erhältlich – besonders beliebt sind die in Ringe geschnittenen Tuben der Tintenfische. Sicherheit ist bei TK-Produkten entscheidend – deshalb sind sofort Profis am Werk: Die Fische werden fangfrisch direkt auf dem Schiff weiterverarbeitet und tiefgefroren bzw. aus Aquakulturen abgefischt und dann gefroren. Nach dem Einkaufen sollten Sie diese Kühlkette nicht unterbrechen. Lassen Sie TK-Fisch zugedeckt im Kühlschrank über Nacht auftauen und verarbeiten Sie ihn dann weiter.

Fisch ist gar, wenn ...

- sich die Flossen und Gräten leicht herausziehen lassen,
- die Augen heraustreten und trüb gefärbt sind,
- sich die Haut vom Fischfleisch leicht abheben lässt,
- sich beim Druck mit der Gabel das Fischfleisch schuppenförmig löst,
- beim Fischfilet der Kern (= die Mitte) nicht mehr durchsichtig oder glasig ist.

MSC-Siegel für nachhaltige Fischerei:

ZERTIFIZIERTE NACHHALTIGE FISCHEREI MSC www.msc.org/de

Viele Fischarten sind durch die Überfischung der Weltmeere in ihrem Bestand zunehmend gefährdet. Achten Sie deshalb beim Einkauf auf das blaue MSC-Siegel. Das „Marine Stewardship Council (MSC)“ vergibt als unabhängige und gemeinnützige Organisation diese Zertifizierung für Fisch aus nachhaltiger Fischerei mit einer minimalen Beeinträchtigung der maritimen Umwelt.

Alphabetisches Register

Allgemeine Hinweise

Abkürzungen

EL	=	Esslöffel
TL	=	Teelöffel
Msp.	=	Messerspitze
Pck.	=	Packung/Päckchen
g	=	Gramm
kg	=	Kilogramm
ml	=	Milliliter
l	=	Liter
evtl.	=	eventuell
geh.	=	gehäuft
gem.	=	gemahlen
ger.	=	gerieben
gestr.	=	gestrichen
TK	=	Tiefkühlprodukt
°C	=	Grad Celsius
Ø	=	Durchmesser

Kalorien-/ Nährwertangaben

E	=	Eiweiß
F	=	Fett
Kh	=	Kohlenhydrate
kJ	=	Kilojoule
kcal	=	Kilokalorien
BE	=	Broteinheiten

Bei den Nährwertangaben in den Rezepten handelt es sich um auf- bzw. abgerundete ganze Werte. Lediglich die Broteinheiten werden in 0,5er-Schritten mit einer Stelle nach dem Komma angegeben.
Aufgrund von ständigen Rohstoffschwankungen und/oder Rezepturveränderungen bei Lebensmitteln kann es zu Abweichungen kommen. Die Nährwertangaben dienen daher lediglich Ihrer Orientierung und eignen sich nur bedingt für die Berechnung eines Diätplans, zum Beispiel bei Krankheiten wie Diabetes.
Bei krankheitsbedingten Diäten richten Sie sich daher bitte nach den Anweisungen Ihres Diätassistenten bzw. Ihres Arztes.

Allgemeine Hinweise zu den Rezepten

Lesen Sie bitte vor der Zubereitung – besser noch vor dem Einkaufen – das Rezept einmal vollständig durch. Oft werden Arbeitsabläufe oder -zusammenhänge dann klarer.

Zutatenliste und Arbeitsschritte

Die Zutaten sind in der Reihenfolge ihrer Verarbeitung aufgeführt.
Die Arbeitsschritte sind einzeln hervorgehoben, in der Reihenfolge, in der sie von uns ausprobiert wurden.

Zubereitungszeiten

Die Zubereitungszeit ist ein Anhaltswert für die Dauer der Vorbereitung und die eigentliche Zubereitung. Längere Wartezeiten wie Kühl- oder Abkühlzeiten, Auftau- und Durchziehzeiten sind, sofern parallel keine weitere Tätigkeit erfolgt, nicht in der Zubereitungszeit enthalten. Die Garzeiten werden gesondert ausgewiesen.

Backofeneinstellung und Backzeiten

Die in den Rezepten angegebenen Gartemperaturen und -zeiten sind Richtwerte, die je nach individueller Hitzeleistung Ihres Backofens über- oder unterschritten werden können. Machen Sie nach Beendigung der angegebenen Garzeit eine Garprobe.
Die Temperaturangaben in diesem Buch beziehen sich auf Elektrobacköfen. Die Temperatureinstellungsmöglichkeiten für Gasbacköfen variieren je nach Hersteller, sodass wir keine allgemeingültigen Angaben machen können. Bitte beachten Sie deshalb bei der Einstellung des Backofens und der Einschubhöhe die Gebrauchsanleitung des Herstellers. Ein Backofenthermometer eignet sich dabei gut, um die Backofentemperatur im Blick zu haben.

Unser Ratgeber- und Servicetelefon

Wünsche und Anregungen sind uns willkommen! Haben Sie Fragen? Benötigen Sie Hilfe bei der Zubereitung der Rezepte oder möchten Sie uns etwas mitteilen? Die Mitarbeiter des Dr. Oetker Verlages und des Verbraucherservices der Dr. Oetker Versuchsküche beantworten Ihre Fragen gern.

Versuchsküche: Tel. 0 08 00 71 72 73 74
Mo.–Fr. 8:00–18:00 Uhr
(gebührenfrei in Deutschland)

Dr. Oetker Verlag: Tel. +49 (0) 521 5206 50
Mo.–Fr. 9:00–15:00 Uhr

Dr. Oetker Verlag KG, Am Bach 11, 33602 Bielefeld, www.oetker-verlag.de
www.facebook.com/Dr. OetkerVerlag www.oetker.de

Umwelthinweis Dieses Buch und der Einband wurden auf FSC®-zertifiziertem, chlorfrei gebleichtem Papier gedruckt.
Die Einschrumpffolie – zum Schutz vor Verschmutzung – ist aus umweltfreundlichem und recyclingfähigem PE-Material.

FSC www.fsc.org MIX Papier aus verantwortungsvollen Quellen FSC® C004592

Redaktion Carola Reich, Annette Riesenberg

Texte und Ratgeber Klaus Schäfer, Bonn

Titelfoto Thomas Diercks, Hamburg

Innenfotos Fotostudio Diercks, Hamburg
Eising Studio Food Photo & Video, München (S. 124, 125)

Rezeptentwicklung und-beratung Rocco Dressel, Hamburg

Foodstyling Rocco Dressel, Hamburg

Nährwertberechnungen Nutri Service, Hennef

Titelgestaltung küstenwerber, Hamburg
Grafisches Konzept küstenwerber, Hamburg
Gestaltung und Satz MDH Haselhorst, Bielefeld
Reproduktionen Longo AG, Bozen, Italien
Druck und Bindung Firmengruppe APPL, aprinta druck, Wemding

ISBN: 978-3-7670-0667-6